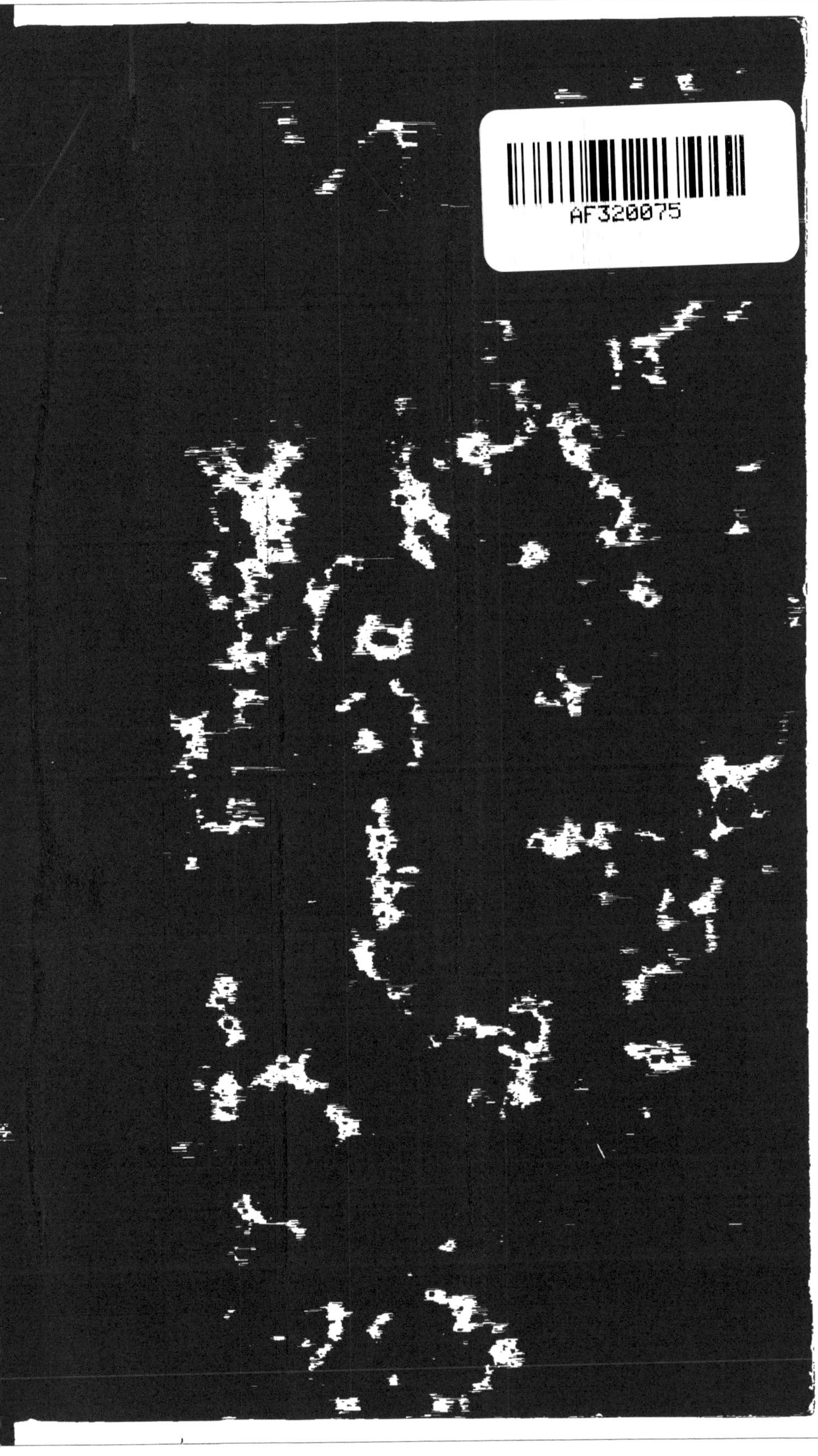
AF320075

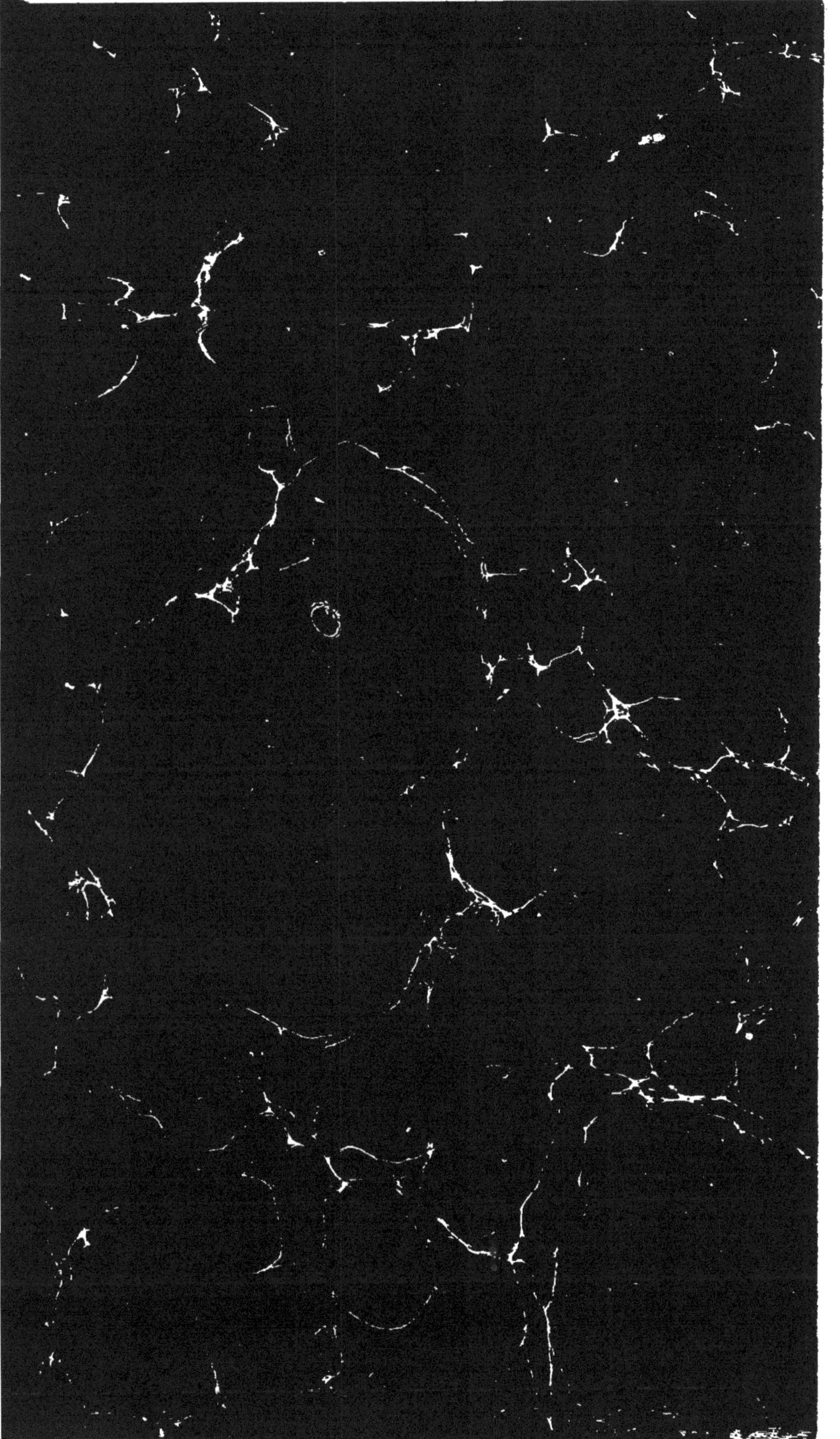

LOIS

DES

COMMISSAIRES-PRISEURS

COURTIERS, NOTAIRES, GREFFIERS ET HUISSIERS

EN QUALITÉ D'OFFICIERS VENDEURS DE MEUBLES
ET DE MARCHANDISES, ETC.

Imprimerie de Henruyer et Turpin, rue Lemercier, 24.
Batignolles.

LOIS

DES

COMMISSAIRES-PRISEURS

ET DES

COURTIERS, NOTAIRES, GREFFIERS ET HUISSIERS

EN QUALITÉ D'OFFICIERS VENDEURS DE MEUBLES
ET DE MARCHANDISES;

OU

NOUVEAU RECUEIL CHRONOLOGIQUE

DES ÉDITS, ACTES DE NOTORIÉTÉ, ARRÊTS ET AVIS DU CONSEIL D'ÉTAT,
LETTRES-PATENTES, DÉCRETS, ARRÊTÉS, LOIS, RÈGLEMENTS,
ORDONNANCES, ETC.

SUIVIS

D'EXPLICATIONS SUR LE TARIF

DES COMMISSAIRES-PRISEURS, NOTAIRES, HUISSIERS ET GREFFIERS,
POUR LES PRISÉES ET VENTES DE MEUBLES.

PAR M. J.-L. JAY,

Auteur du Commentaire des lois du 25 juin 1841 sur les ventes publiques
de meubles, et du 18 juin 1843 sur le Tarif des commissaires-priseurs.

PARIS

AU BUREAU DU JOURNAL DES COMMISSAIRES-PRISEURS,
RUE DE MULHOUSE, 11.

1846

INTRODUCTION

DES COMMISSAIRES-PRISEURS. — DES COURTIERS.

§ 1. Des Commissaires-priseurs.

Les commissaires-priseurs sont des officiers publics dont les fonctions consistent à vendre aux enchères et à priser des meubles et effets mobiliers.

L'édit de 1556 créa des *maîtres priseurs* ayant le droit de faire, privativement à tous autres, l'estimation et les ventes forcées ou volontaires des biens meubles. Ces maîtres priseurs furent réunis plus tard aux *sergents royaux* et aux huissiers, pour ne former avec eux qu'une seule corporation.

On peut citer, à ce sujet, les édits de Henri III de 1575 et 1576, et la déclaration de Henri IV du mois d'août 1595.

Cependant, on sépara de nouveau les maîtres priseurs des huissiers et sergents royaux par l'édit du mois d'octobre 1696, qui rétablit leur première organisation sous le titre de *jurés priseurs.*

Un édit du mois de février 1771 accorda définitivement aux jurés priseurs le droit de faire toutes les prisées et ventes de biens meubles quelconques, à l'exclusion des notaires, greffiers et huissiers. Leurs attributions et leur finance avaient eu déjà de l'accroissement.

a

On doit dire que la considération *fiscale* n'était pas étrangère à la publication de cet édit, qui éprouva par suite quelque résistance et du retard, puisque son exécution ne date que de l'année 1730.

Les lettres-patentes du 3 janvier 1782 réglèrent le tarif des droits des jurés priseurs, et ces officiers durent prendre la dénomination d'*huissiers priseurs;* mais, ainsi qu'on va le voir, ils n'exercèrent pas longtemps leurs fonctions.

En effet, la Révolution vint apporter des changements notables au système judiciaire. La loi du 21 juillet 1790, art. 1er, abolit les offices des jurés ou huissiers priseurs créés par l'édit du mois de février 1771. Il est dit, art. 2, que «les notaires, greffiers et huissiers sont autorisés à faire les ventes de meubles dans tous les lieux où elles étaient ci-devant faites par les jurés priseurs. »

Ceci était relatif aux provinces.

Le décret du 17 septembre 1793, après avoir réuni aux attributions des huissiers, greffiers et notaires, la prisée des meubles, disposa dès lors que « les huissiers priseurs de Paris et les *huissiers de l'hôtel* cesseraient leurs fonctions; mais que ceux qui avaient le droit d'exercer les fonctions d'huissier auraient la faculté de les remplir concurremment avec ces derniers.

L'arrêté du 12 fructidor an IV (29 août 1796), celui du 27 nivôse an V (16 janvier 1797), eurent pour but de régulariser la vente des meubles. Bientôt la loi du 22 pluviôse an VII (10 février 1799) généralisa les formes à observer. Il est dit, art. 1ᵉʳ : « Les meubles, effets, marchandises, bois, fruits, récoltes et tous autres objets mobiliers, ne pourront être vendus publiquement et par enchères qu'en la présence et par le ministère d'officiers publics ayant qualité pour y procéder. »

Par les articles suivants on prescrivit la déclaration préalable, les conditions de cette déclaration, les mentions que doivent contenir les procès-verbaux d'adjudication, leur enregistrement, la somme des pénalités et les mesures de répression.

Cet état de choses, du moins pour la capitale, eut peu de stabilité; car là les huissiers, greffiers et notaires furent dépossédés, par la loi du 27 ventôse an IX (18 mars 1801), du droit de faire les ventes et les prisées mobilières. L'article 1ᵉʳ de cette loi porte : « A compter du 1ᵉʳ floréal prochain, les prisées de meubles et ventes publiques aux enchères d'effets mobiliers, qui auront lieu à Paris, seront faites *exclusivement* par des *commissaires-priseurs* vendeurs de meubles. Ils auront la *concurrence* pour les ventes de même nature qui se feront dans le département de la Seine. »

Par l'art. 2, « il est défendu à tous *particuliers* et à tous *officiers publics* de s'immiscer dans lesdites opérations qui se feront à Paris, à peine d'amende, qui ne pourra excéder le quart du prix des objets prisés ou vendus. »

C'est dans le discours de l'orateur du gouvernement qu'il faut puiser le motif déterminant de cette institution nouvelle.

« En établissant, disait-on, les commissaires-priseurs, vous faites disparaître une immense quantité d'abus; vous supprimez ces malheureux *encans* ouverts par la mauvaise foi, où l'on n'expose que des marchandises inférieures ou détériorées, où le public est indignement trompé par des enchères simulées; vous assurez au fisc la perception de droits dont on le frustre chaque jour. »

Si la création des commissaires-priseurs ne fut pas étendue au delà du département de la Seine, « c'est parce que, ajoutait-on, ces officiers ministériels sont sans utilité partout où les richesses mobilières sont peu considérables. »

Au moment où l'expérience de plusieurs années semblait avoir consacré l'évidence de cette dernière proposition, la vérité en fut néanmoins méconnue.

La loi de finances du 28 avril 1816, art. 89, permit d'établir des commissaires-priseurs dans toutes les villes où le roi le jugerait convenable, avec les mêmes attributions que leurs devanciers. « Ces commissaires-priseurs, est-il dit, n'auront, conformément à la loi du 27 ventôse an IX (18 mars 1801), de droit *exclusif* que dans le chef-lieu de leur établissement, et ils auront, dans le reste de l'arrondissement, la *concurrence* avec les autres officiers ministériels, d'après les lois existantes. »

Bien que les nécessités du Trésor eussent inspiré une pareille disposition, elle pouvait, par une application sagement mesurée, produire des résultats satisfaisants.

Il est, en effet, plusieurs villes de France où les richesses mobilières sont abondantes, et qui appelaient par là même la présence des commissaires-priseurs ; or, loin de rechercher avec soin ces localités privilégiées, d'user avec réserve de la faculté exorbitante donnée par la loi, on en fit le prétexte d'abus scandaleux.

C'est ce que nous apprend l'ordonnance du 26 juin de la même année, rapportée ci-après à son ordre de date.

On vit de la sorte une infinité de localités qui n'avaient pas demandé de commissaires-priseurs, qui n'en avaient que faire, qui n'en voulaient pas, obligées cependant de les subir !

Le remède se trouva, à vrai dire, dans le mal lui-même ; car, parmi les commissaires-priseurs qui furent nommés, quelques-uns refusèrent immédiatement, d'autres se retirèrent lorsqu'il fut question de verser le cautionnement, et d'autres donnèrent leur démission après une expérience courte, mais décisive.

Ces nombreuses retraites n'étaient-elles pas la critique la plus juste, comme la plus sévère, de l'ordonnance dont nous venons de parler?

Le pouvoir avait, en effet, dépassé la loi du 28 avril 1816, alors qu'il n'entendait, qu'il ne devait qu'en régler l'exécution; il compromit ainsi, en la prodiguant, une institution qui pouvait avoir des avantages réels.

Des considérations financières étaient-elles bien de nature à justifier, dans l'esprit des populations, l'impôt nouveau qu'on leur infligeait, sous l'apparence de les protéger et de les servir?

L'institution des commissaires-priseurs n'est pas, d'ailleurs, le seul objet que l'on ait soumis à l'attention des Chambres législatives, puisque, si cette institution occupe une large place dans les conditions réglementaires de la vente des meubles faite aux enchères, soit volontairement, soit d'autorité de justice, il y est beaucoup question des autres officiers ou agents qui ont le droit de s'y livrer.

On s'était efforcé, enfin, de bien préciser les attributions de chacun, cherchant ainsi à faire cesser des conflits nombreux, et qui existeront encore, parce que le secours de la jurisprudence est impuissant pour les prévenir.

L'utilité de l'institution des commissaires-priseurs, sauf dans les grandes villes, a été mise en doute dans un avis du Conseil d'État du 18 août 1848, se fondant, à tort, sur ce que leurs fonctions étaient remplies aussi bien et à moins de frais par les notaires, greffiers et huissiers. Des modifications néanmoins ont paru nécessaires, et les lois du 25 juin 1841 sur les attributions des commissaires-priseurs et autres officiers vendeurs, et du 18 juin 1843 sur le tarif, avec quelques règles de discipline, ont paru devoir satisfaire tous les intérêts légitimes.

Voir nos *Commentaires sur ces deux lois.*

§ 2. Des Courtiers.

On désigne sous le nom de *Courtiers* des personnes ayant un caractère légalement reconnu pour se rendre intermédiaires des parties contractantes dans des opérations de commerce ou de banque.

Une telle qualité n'appartient pas à ceux qui, sans droit et sans qualité, s'interposent entre un vendeur et un acheteur. Si cette intervention n'a lieu qu'accidentellement, on peut la considérer comme un bon office ou un acte d'obligeance qui ne laisse aucune trace et n'a d'autre résultat que de mettre en présence les deux parties intéressées. Mais si des personnes se constituent habituellement intermédiaires dans des marchés de commerce, pour en régler les conditions et se faire attribuer un droit de commission et de cour tage, il y a de leur part usurpation de fonctions, et elles s'exposent à des poursuites judiciaires.

L'institution des courtiers a pour but de faciliter et de multiplier les transactions commerciales. Celui qui a des marchandises à vendre aurait souvent de la peine, ou emploierait beaucoup de temps à trouver des acheteurs. Celui qui est dans l'intention de faire des achats considérables est aussi embarrassé quelquefois pour s'adresser à ceux qui peuvent lui offrir le plus d'avantages. L'intervention du courtier est utile à l'un et à l'autre; il rapproche des personnes qui ne se connaissaient pas et qui avaient intérêt à se connaître. Par son entremise, elles arrivent à la conclusion d'un marché qui souvent profite à l'une et à l'autre.

Mais si les courtiers ont été créés dans l'intérêt du commerce, il faut bien aussi que ceux qui exercent cette profession y trouvent quelques avantages. En général, on exige certaines garanties des personnes qui, en qualité de courtiers, se trouvent revêtues d'une sorte de caractère public; leurs fonctions d'ailleurs sont assez pénibles; elles peuvent entraîner une grave responsabilité; et dès lors, ces intermédiaires doivent trouver un bénéfice dans toutes les opérations conclues par leur entremise. Ce bénéfice, dont la quotité est fixée suivant l'importance de l'affaire, soit d'après des règlements, soit d'après des usages, soit d'après la convention des parties, est ce qu'on nomme le droit de courtage ou de commission.

En France, les courtiers ont toujours été considérés comme des officiers ayant un salaire fixé par les édits ou les ordonnances royales qui les avaient institués, soit à Paris, soit dans plusieurs grandes villes du royaume. Il en est parlé dans plusieurs de nos anciennes coutumes qui, vers la fin du dixième siècle, commencèrent à former un droit nouveau en France. On les désigne sous le nom de *courtiers, couratiers*, ou proxénètes; on peut voir à ce sujet la Coutume du Bourbonnais, art. 131; celle du Nivernais, chap. XXXII, art. 21 ; celle de Berry, tit. IX, art. 31 et 32; celle de Dunois, art. 39; enfin celle d'Orléans, art. 429. — Voici ce qu'on lit dans ce dernier article, dont on retrouve la disposition dans les autres Coutumes citées : « Ceux qui sont proxénètes, couratiers, et qui s'entremettent, moyennant salaire, pour faire vendre ou acheter blés, même chevaux ou autres marchandises, sont contraints à rendre et restituer ladite marchandise ou le prix qu'elle aura été vendue; et ce par prison, sans qu'ils puissent jouir d'aucun répit ni bénéfice de cession. » — Comme on le voit, cette responsabilité rigoureuse n'était pas relative à l'exécution du marché par les parties contractantes; mais elle dérivait d'un fait personnel aux courtiers qui, sans doute, recevaient la marchandise à livrer, ainsi que la somme nécessaire pour en effectuer le payement.

Plusieurs anciennes ordonnances contiennent des dispositions relatives aux courtiers, et l'on serait embarrassé de déterminer l'époque de leur établissement en France. Il y a même tout lieu de présumer que l'origine de cette institution, empruntée des Romains, remonte aux premiers siècles de notre monarchie, de telle sorte que les lois et règlements qui en ont parlé n'ont eu d'autre but que de régulariser l'exercice de leurs fonctions. — L'un des monuments les plus curieux de notre ancienne législation à cet égard, est une ordonnance de Philippe IV, du mois de janvier 1312. — L'art. 9 de cette ordonnance veut que nul ne puisse vendre pour son compte des marchandises dont il est courtier; et qu'il ne puisse recevoir d'autre droit de courtage que celui qui est anciennement fixé. — Aux termes du même article, pour être admis à exercer les fonctions de courtier, il fallait être agréé par le mestre (chef) des métiers, et prêter serment devant le juge.

Une ordonnance de Charles le Bel, du mois de février 1321, chargeait seulement le chef des métiers de présenter ceux qui voulaient exercer les fonctions de courtiers au prévôt des marchands, qui les nommait et recevait leur serment. — On sait qu'anciennement les clercs (et ce titre était facilement accordé à ceux qui savaient lire et écrire) avaient l'étrange privilége de se soustraire à la juridiction ordinaire. Comme un tel privilége était incompatible avec la garantie que doivent trouver les commerçants dans les personnes dont ils emploient le ministère, ceux qui se disaient clercs ne pouvaient être admis parmi les courtiers.

Les courtiers pour la vente des vins paraissent être ceux dont l'institution fut régularisée la première. — Une ordonnance du roi Jean, sous la date du 30 janvier 1350, est spécialement relative à cet objet; voici quelques-unes de ses dispositions qui méritent d'être recueillies, soit à cause de leur singularité, soit parce qu'elles ont été reproduites ou conservées dans nos lois, après un intervalle de près de cinq siècles.

Art. 1er. « En la ville de Paris, pour acheter vins en grève ou autre part, il y aura soixante courtiers, tant seulement.

Art. 2. Nul ne pourra être reçu en l'office de courrateries, s'il ne baille pleage ou assemement suffisant de 30 livres parisis, par-devant le prévôt des marchands; et quiconque se mêlera de courraterie de vins, qui ne sera reçu... il sera à 60 livres d'amende, et sera banni de la vicomté de Paris, par an et par jour.

Art. 3. Nul courretier ne pourra être marchand ni acheteur pour lui de la marchandise dont il sera courretier, sous ladite peine.

Art. 5. Nul courretier, de quelque état et con

dition qu'il soit, ne pourra prendre courtage d'une tonne de vin ou de deux cuves de quatre muids, pour un tonnel, que douze deniers. »

Il convient de remarquer que, jusqu'à cette époque, les courtiers n'exerçaient qu'en vertu d'une commission que leur délivrait le prévôt des marchands, après une information de bonne vie et mœurs; mais qu'à l'instant où leur nombre fut fixé par des ordonnances, ils se trouvèrent pourvus d'une sorte de charge ou office public. — Ce changement de situation eut lieu, moins dans l'intérêt du commerce ou des courtiers eux-mêmes, que dans l'intérêt du trésor public; et plusieurs édits, arrêts du conseil et déclarations du roi, ne laissent aucun doute sur ce point.

Des courtiers avaient été institués, à Paris, pour chaque espèce de commerce qui présentait quelque importance, et c'était toujours une occasion nouvelle de grossir les finances du trésor royal. — Ainsi, dans l'origine, il n'y avait que cinq courtiers pour la vente des foins. Ce nombre fut ensuite élevé à soixante, plus tard à soixante-douze; de telle sorte que, dans l'intervalle de 1636 à 1646, ils furent portés, pour chaque cent de foin, de 4 sols à 9 sols. — A mesure qu'on nommait de nouveaux courtiers, ou qu'on élevait la quotité de leurs droits, des versements de sommes plus ou moins considérables étaient faits dans la caisse de Sa Majesté. Aussi pouvait-on considérer comme essentiellement fiscales des mesures qui semblaient prises dans l'intérêt du commerce.

Le commerce des grains avait toujours été libre à Paris. Plusieurs ordonnances de police (la plus récente est sous la date du 13 mars 1635) avaient même prescrit aux marchands de les vendre en personne ou par des gens de leur famille, mais sans intermédiaire. Une ordonnance de Louis XIV, du mois de décembre 1672, institue des commissionnaires ou courtiers pour cette espèce de commerce.

Il n'est pas jusqu'aux marchands de beurre, d'œufs et de volailles, qui ne fussent atteints par cette manie de tout réglementer, qui semble avoir été la passion dominante des hommes d'Etat, dans le cours du dix-septième siècle. — Ces marchands forains étaient dans l'habitude de s'adresser à des facteurs ou commissionnaires investis de leur confiance, soit pour inscrire les noms de leurs acheteurs, soit pour faire payer. C'était une intervention libre qui n'avait lieu que par la volonté des marchands, qui y trouvaient sans doute leur intérêt ; et les fonctions de ces intermédiaires étaient d'autant plus lucratives, qu'ils n'étaient pas obligés de payer à l'Etat le droit de les exercer. Mais, sous le prétexte qu'un tel état de choses entraînait des abus,

et en réalité parce que le trésor royal ne reti-
rait aucun profit des services que ces courtiers
libres pouvaient rendre au commerce, on s'ima-
gina de les ériger en titre d'office, et moyennant
finance. — Un premier arrêt du conseil créa
vingt-quatre offices de courtiers vendeurs de volailles, gibier, beurre, etc.; plus tard, ce nombre
fut porté à quarante, en étendant leurs fonctions
à la vente des veaux. — Au mois de mars 1696,
un autre arrêt supprima les charges alors existantes, et institua cent jurés vendeurs de volailles; un pareil nombre pour le beurre, les œufs
et le fromage, et cent cinquante pour la vente
des veaux; ce nombre éprouva quelque réduction dans le courant de l'année suivante. —
Mais bientôt, et comme pour démontrer qu'on
n'avait voulu que déguiser une contribution qui
frappait en réalité la consommation, une déclaration du 4 février 1698 supprima les offices de
ces courtiers ou jurés vendeurs, en attribuant les
droits par eux perçus à la ferme générale des
aides.

Ici se termine l'analyse, qu'on ne trouvera
pas sans quelque intérêt, des monuments de notre ancienne législation sur les courtiers.

Cette institution, essentiellement utile au commerce, avait été détournée de son but; on ne la
considérait plus que comme un moyen de frap-
per les commerçants et les propriétaires d'une

sorte de contribution forcée. Que le gouvernement prenne des précautions convenables pour s'assurer de la moralité de ceux qu'il investit d'une charge ou fonction quelconque; qu'il exige d'eux des garanties, au moyen desquelles leur responsabilité envers ceux qui les emploient ne sera jamais illusoire, c'est son droit, c'est son devoir; mais qu'il ne leur vende pas, en quelque sorte, le droit de percevoir des commissions exorbitantes qui deviennent onéreuses pour les citoyens; car sa prétendue protection ne serait plus dès lors qu'une spoliation scandaleuse. C'est ainsi, du reste, que les meilleures institutions finissent souvent par se pervertir, quand des hommes intègres ou des lois inflexibles n'en assurent pas la conservation.

Il faut, dans l'intérêt des actes et transactions qui ont lieu, soit entre commerçants, soit même entre tous autres individus à raison d'affaires commerciales, des agents accrédités, gardiens et conservateurs de la foi publique. C'est le moyen le plus sûr de préparer les voies et de hâter la conclusion.

Assistant aux stipulations sur les achats et les ventes, pris, pour ainsi dire, comme témoins ou conseils en toutes choses qui tiennent au commerce, ces agents devaient en outre être appelés à déposer et sur les conventions des parties dont ils ont été les intermédiaires, et sur les documents qui sont indispensables pour aplanir, à tout événement, les difficultés de l'exécution.

L'usage, autant que la nécessité, a donc fait admettre plusieurs sortes d'agents ou courtiers. Il existe, en effet, des courtiers de marchandises, d'assurances, de transport par terre et par eau, des courtiers interprètes, et jusqu'à des courtiers gourmets-piqueurs, créés, pour la ville de Paris, par l'art. 13 du décret du 15 décembre 1813.

LOIS

DES

COMMISSAIRES-PRISEURS

ET DES

COURTIERS, NOTAIRES, GREFFIERS ET HUISSIERS

EN QUALITÉ D'OFFICIERS VENDEURS DE MEUBLES.

(FÉVRIER 1556 (1).)

Edict sur la creation et erection des maistres Priseurs, Vendeurs de biens meubles, en chacune Ville et Bourgade de ce Royaume : avec les Lettres patentes dudit Seigneur, contenans le salaire desdits Priseurs Vendeurs, et autres Lettres de Declaration sur ledit Edict : le tout pour la conservation de tous biens meubles, tiltres et enseignemens delaissez par le decez et trespas des decedez.

Henry, par la grâce de Dieu, Roy de France, à tous presens et advenir, salut. Comme pour le bien et profit de toutes personnes l'on ait accoustumé faire description et inventaire de tous biens meubles, tiltres et enseignemens, delaissez par le decez et trespas des decedez, à la conservation de droict à qui il appartient, et de la valeur d'iceux meubles et autres pris par execution, delaissez par aulbeine, confiscation ou autre-

---

(1) Nous avons respecté dans les documents consignés dans cet ouvrage l'orthographe du temps. Nous avons pensé que c'était là leur conserver leur caractère d'authenticité.

1

ment en quelque manière que ce soit, faire estimation ou prisee. Pour ce fait, diviser, lottizer et partager lesdicts biens meubles entre les co-heritiers ou ayans droict le plus commodément et esgalement que faire se peut, si à ce lesdicts coheritiers ou parties s'y accordent, sinon le cas requerant, les vendre au plus offrant et dernier encherisseur, és places et lieux publiques, és jours de marché, et à ce accoustumez pour les deniers provenans desdictes ventes, estre mis, baillez et delivrez où il convient et est ordonné.

Pour lesquelles prisees, ventes et partages faire, les tuteurs et curateurs des mineurs, commissaires, depositaires et autres chargez par justice, ayans intelligence, faveur et amitié avec les priseurs, qui se sont entremis cy devant et entremettent journellement faire lesdictes prisees desdits biens estans prins, choisiz et autrement pratiquez par lesdits tuteurs, gardiens et depositaires, ont souvent faict et font lesdites prisees et ventes à leurs intentions et volonté ; afin que n'estans lesdits meubles venduz par les dessusdits tuteurs, commissaires et depositaires, ils fussent et soient quittes envers les proprietaires desdicts biens pour ladicte prisee et estimation qui en aurait esté faite à vil prix, et maintes fois moins que la moitié de juste prix d'iceux. Comme aussi aux ventes desdits meubles se sont commis plusieurs fraudes et abus, pour avoir esté et estre

faites és lieux, jours et heures indeuës : Et lesdits
biens souvent delivrez soubs noms supposez, à
ceux qui en faisoient les ventes, leurs femmes,
enfans, serviteurs ou autres par eux attiltrez, sans
encherir ou à simple enchere : pour puis après
les revendre en leurs boutiques et estats ordinaires de fripiers et regratiers, à plus haut prix
la moitié, qu'ils ne les ont acheptez, et outre le
prix et salaire excessif que prenoient ceux qui
faisoient et font lesdictes prisees et ventes desdits
meubles, comme dix à douze deniers pour livres,
et autres dons et presens qu'ils tirent et exigent
et ceux en faveur desquels ils font ladicte prisée,
estimation et vente : mesmement des particuliers
achepteurs delayans lesdites prisees et ventes,
afin que eu esgard au temps, ils prennent plus
grand salaire. Et d'avantage nos sergens à cheval
prenans charge de nos receveurs, pour le recouvrement de nos amendes, aydes, tailles et autres
nos deniers et affaires : et semblablement pour
autres particuliers noz subjets ayant faict execution ou vente de meubles en un lieu, ont par cy
devant retenu et retiennent les deniers longue-
ment entre leurs mains, pour les autres longs
voyages et diverses executions qu'ils entreprennent en diverses contrees et pays : qui est venu
au grand interest et retardement de noz deniers
et de noz subjects faisans grand sejour aux despens des parties. Pour lesquelles occasions et

obuier aux autres grands abuz et fautes qui en ce sont descouverts en plusieurs villes et endroits de nostre royaume, noz predecesseurs Roys, et nous avons en aucuns d'iceux lieux creé et erigé en chef et tiltre d'office formels et perpetuels, certains maistres priseurs, vendeurs desdits meubles, pour privativement à tous autres faire les prisees, estimations et ventes, partages et lots de biens meubles qui seraient requises et necessaires, pour faire cesser esdits lieux les fraudes, intelligences et practiques, abuz, et autres malversations qui se faisoient et se sont souvent faites esdictes prisees et ventes de meubles et partages d'iceux, lesquels se commettent et peuvent aisément commettre et continuer és autres villes de nostredict royaume : A quoi est très-grand besoin et requis y pourveoir : et pour le soulagement de nous et de noz subjects, donner ordre et forme ausdites prisees et ventes desdits biens meubles, qui se feront cy après.

Sçavoir faisons, que nous considérans le grand bien que par l'erection desdits offices de priseurs, vendeurs de biens meubles, est advenu és villes et lieux où ils ont esté establis : et pour les mesmes causes qui nous ont meu et nos predecesseurs Roys faire creation et erection d'office desdits priseurs, vendeurs, et obvier aux fraudes et abus dessusdits, qui chacun jour se commettent aux prisees et ventes desdits meubles, tant à

nostre prejudice, retardement de nos deniers,
qu'au grand dommage et interest de nos sujets.
Avons par l'advis des Princes de nostre sang, et gens
de nostre privé Conseil, dit, statué et ordonné,
disons, statuons et ordonnons qu'en toutes et
chacunes les villes, bourgs et bourgades de nostre
royaume, ayans siege et jurisdiction Royal, et
autres que besoin sera, ausquelles n'ont encores
esté creez et establis en tiltre d'office formez aucuns priseurs, vendeurs de biens meubles, ou si
establis y ont esté, ne sont en nombre suffisant,
seront par nous ordonnez et establis priseurs,
vendeurs de biens meubles, lesquels à ceste fin
nous avons creez et erigez, et par ces presentes
creons et erigeons, en chef et tiltre d'office, formels et perpetuels pour y estre ceste premiere
fois, et doresnavant quand vacation y escherra,
en nos villes par nous et nos successeurs Roys,
pourveu en tiltre d'office, et en tel nombre que
requis et besoin sera, personnes suffisans, capa-
bles, experimentez, et en telles choses cognoissans, qui de ce feront le serment par devant nos
juges ordinaires des lieux, nostre procureur à ce
appelé : Lesquels au dedans du ressort de la Justice et jurisdiction des villes et lieux où ils seront
pourveus et establis, et qui par leurs lettres de
provision et establissement leurs seront limitez
et ordonnez, feront privativement à tous autres,
toutes et chacunes les prisees et estimations de

tous biens meubles, delaissez par le decez et trespas de toutes personnes ou prins par execution,
baillez en garde, ou autrement, qui seront ordonnez par justice, ou par consentement, ou accord des parties, ou autrement requises estre
faites en quelque maniere que ce soit. Et semblablement *feront ventes publiques desdits meubles,
soit qu'elles se facent d'accord et volonté des parties,*
ou par ordonnance ou execution de justice, *à
l'inquant* et plus offrant, pour nos deniers; ou à
la requeste et instance des particuliers : *ou autrement de quelque nature ou espece* que soient lesdits meubles, sinon que ce fussent meubles de
haut prix : C'est à sçavoir, vaisselles d'or, d'argent, bagues, pierreries et joyaux precieux, desquels les prisees et estimations se feront par un
ou deux orfebvres jurez, qui à ce seront choisis
par les parties, en la maniere accoustumee, et
par provision, jusques à ce, que par nous autrement y ait esté pourveu et ordonné, sans qu'il
soit doresnavant permis ne loisible à fripiers, n'a
nos huissiers, sergens ou aucunes autres personnes eux ingerer ne s'entremettre de plus faire
lesdites estimations, prisées et ventes, ne à noz
receveurs, procureurs ne officiers, ne semblablement aux particuliers les faire faire par autres
que lesdits priseurs, vendeurs, aux villes et lieux
où seront par cy apres par nous establis : sinon
que lesdits sergens fussent requis et priez par

lesdites parties, assister seulement esdites ventes qui se feront par lesdits priseurs, vendeurs, sur peine de nullité desdites prisees, estimations et ventes desdits meubles, despens, dommages et interests des parties interessees, pour le regard de ceux qui les auront faict faire, et d'autant d'amende envers nous; pour le regard de ceux qui les auront faites, comme lesdites prisees, ventes et estimations se seront trouvees monter : nonobstant quelsconques usages, possessions, jouyssance et entreprises de ce faire, lesquelles nous avons abolies, et abolissons par ces présentes.

Et à ce que pour l'absence desdits priseurs vendeurs, les prisees, estimations et ventes ne soient aucunement retardees, voulons et ordonnons, que lesdits priseurs vendeurs facent actuelle et continuelle residence aux lieux où ils seront, par leurs lettres de provision, ordonnez et establis, sans qu'ils puissent faire ne entreprendre aucunes ventes, prisees ou estimations hors les limites et ressort ausquels ils y auront esté establis : ne semblablement eux mesler de l'estat de fripiers, regratiers, ne revendeurs, soit par eux, leurs femmes, ou autres personnes interposees directement ou indirectement en quelque manière que ce soit : ny semblablement acheter, ou faire acheter pour eux, aucuns des meubles, dont ils feront la vente, sur peine de privation de leurs offices; et d'amende arbitraire

envers nous, et mesmement de punition corpo-
relle à discretion de justice.

Et seront tenus et sujets les notaires ou greffiers, qui feront lesdits inventaires desdits biens
meubles, faire article separé, et à part, de chacune espece de meubles. Et semblablement
les priseurs vendeurs, en faire la prisee et estimation separément et à part, quand la piece ex-
cedera la valeur de trente sols tournois : Et aussi
arrester à la fin dudit inventaire, la somme totale , à laquelle montera ladite prisee, qui sera
signee par ledit priseur vendeur, avec lesdits notaire ou greffier, afin que s'il plaist aux parties
ou proprietaires d'iceux meubles, lesdits vendeurs priseurs soient tenus et subjects prendre
iceux biens meubles particulierement pour l'ex-
cessive prisee, qu'ils en auraient faite sous pre-
texte de plus grand salaire, ou voulant gratifier
à l'une ou l'autre des parties ; apres toutes fois
qu'iceux meubles auront esté exposez publiquement en vente et qu'ils n'auroient esté vendus ,
ains demourez pour ladite prisee. Et quant aux
prisces et estimations, qui seront faites apres
l'inventaire, et semblablement pour le fait des
ventes desdits meubles, voulons et ordonnons,
que d'icelles prisees, semblablement desdites
ventes, lesdits vendeurs priseurs, facent bon
et fidelle registre qu'ils garderont par devers
eux, pour y avoir recours quand besoin sera, et

delivrer actes, copies, et extraits aux parties qui les requerront, ausquels voulons foy estre adjoutee, comme aux registres et actes publiques, sans que pour les premiers extraits, actes, aux copies qu'ils en delivreront aux parties poursuivantes, ils puissent prendre aucuns dons, presens, n'autres choses que le salaire qui leur sera par nous ordonné, comme dit est, pour lesdites prisées, estimations et ventes, sinon qu'il fust question lever lesdits actes, copies ou extraicts pour la deuxiesme, tierce, ou reïteree fois, auquel cas lesdits priseurs vendeurs, pourront prendre pour leursdits extraicts, ou copies, à la raison de douze deniers tournois pour chacun roole raisonnablement escript.

Voulons et ordonnons que lesdits huissiers, sergens, ou autres officiers de Justice, qui auront prins ou saisi aucuns meubles, par exécution, exploict de Justice ou autrement, pour estre vendus à l'inquant et publiquement, soit à la requeste des créanciers particuliers, ou pour nos deniers et affaires, ayent incontinent, et avant que de partir de la ville ou lieu, auquel ils auront prins et saisi meubles, apporter les inventaires qu'ils auront faicts d'iceux meubles, deuëment signez d'eux, par devers lesdits priseurs vendeurs, lesquels nous voulons de ce estre chargez comme depositaires de Justice, pour estre premierement prisez et estimez, si la partie le requiert, et non autrement, et par apres estre vendus à l'inquant, et plus offrant, par lesdits priseurs vendeurs, et non autre, et lesdictes ventes estre faites publiquement à jours et heures de marché és lieux et places publiques, à ce accoustumez.

Esquelles ventes et délivrances lesdits sergens, qui auront faict lesdites executions, ou autres qu'il plaira ausdites parties executees, pourront assister et estre présens, comme dessus, lesquelles ventes se feront par lesdits priseurs vendeurs, depuis neuf heures du matin, jusques à douze, et de relevée, depuis une heure, jusques à quatre, sinon que lesdites ventes fussent volontaires, et que les parties s'accordassent d'autres lieux, places, heures et jours : et seront lesdits priseurs vendeurs tenus de livrer sur le champ, sans retardement ne precipitation, au dernier encherisseur, les meubles par luy encheris, et mis à prix, en prenant toutes fois par eux le nom et surnom dudit dernier encherisseur, avec méntion expresse des especes et payement qui leur seront faits fors et excepté des bagues, joyaux precieux, vaisselle d'or, ou autre meuble d'argent, que nous voulons estre exposez en vente publiquement, par trois divers jours de marché, sinon que les parties, ou l'executé, en fussent autrement d'accord, et sans prendre dudit encherisseur ou encherisseurs, directement ou in-

directement, aucun don, salaire, ou profit pour
ladite délivrance, n'autre chose que le prix de
la dernière enchère : et ce sur peine de privation
de leurs offices : sinon que le propriétaire, si
présent y estoit ou procureur pour luy, requist
la delivrance dudit meuble, ou meubles encheris,
estre differee jusques au prochain jour : auquel
cas ladite délivrance surseëra jusques au jour,
auquel sans remise et autres iteratives proclamations, se fera la délivrance. Et au cas qu'il y
eust dilation faite à la requeste dudit proprietaire,
de ladite delivrance d'iceux meubles ja criez, icelui proprietaire sera tenu de bailler bonne et
suffisante caution, et soi constituer acheteur de
biens de justice, pour satisfaire au surplus de la
derniere enchere, s'il advenoit qu'au jour que
ledit meuble sera remis pour estre vendu et délivré, iceluy meuble n'estoit tant vendu comme
au jour ou jours précédens desdites enchères
premieres.

Et seront lesdits priseurs vendeurs, tenus recevoir les deniers desdites ventes, pour incontinent, ou trois jours apres du plus tard, les delivrer
aux poursuivans lesdites ventes, ou autres qu'il
appartiendra : à quoy faire ils seront tenus, et
contraingnables par corps, lesdits trois jours
passez, comme dépositaires de Justice : sinon
que les sergens à cheval, ou autres poursuivans
lesdites ventes, ou les parties, eussent commis

ou autres personnes pour recevoir lesdits deniers, ou que le sergent qui auroit faict ladite execution ou saisie desdits meubles, ne retournast dedans la huictaine apres lesdites ventes: auquel cas à ceque pour les longs voyages, diverses charges et commissions que nosdits sergens à cheval entreprennent, nos deniers ne soient retardez, nous voulons lesdits deniers desdites ventes, quand elles seront faites pour nos amendes, debtes ou affaires, estre envoyez par lesdits vendeurs, aux depens desdits deniers, par devers celuy de nos receveurs, qui aura fait faire lesdites executions et ventes, par les messagers ordinaires des lieux, s'il y en a, ou sinon par gens expres, et le semblable estre fait pour lesdits particuliers, quand ils le requerront. Le salaire des prisees et estimations et ventes selon qu'il sera cy après par nous limité, par les lettres de provision de ceux qui seront par nous cy apres pourveus desdits estats et offices, et que les lieux et villes, esquels seront instituez et establis lesdits priseurs vendeurs, le requerront et sera raisonnable; qui sera de quatre deniers tournois pour livre de la prisee, et de semblable somme pour la vente d'iceux biens meubles; aux charges toutefois contenuës et declarees par ces presentes, ledit salaire prealablement pris et rabattu par lesdits priseurs vendeurs, sur les deniers provenans desdites prisees et ventes.

Voulons en outre et ordonnons que où il sera besoin prendre et choisir arbitres pour faire lots et partages de biens meubles, entre coheritiers, acheteurs ou autres, lesdits priseurs vendeurs y seront appellez avant tous autres, sur peine de nullité desdits partages; sinon que les parties usans de leurs droits, eussent entr'eux convenu d'aucuns de leurs parens ou amis, non estans toutefois dudit mestier de fripier regratier, ne revendeur, pour accorder desdits partages et lots, lesdites prisees et estimations prealablement faites par lesdits priseurs vendeurs.

Et pour ce qu'il pourroit advenir, que en grandes et opulentes successions, ou és maisons des marchands traffiquans de grosses marchandises, il sera besoin et nécessaire faire prisee et estimation desdits biens meubles ou marchandises ainsi delaissees, et lesdits priseurs vendeurs n'eussent la pleine et entière cognoissance d'icelles marchandises et meubles. Pour ces causes avons ordonné et ordonnons, que lesdits priseurs vendeurs, qui seront appellez pour faire la prisee et estimation desdites marchandises, seront tenus d'appeller avec eux, pour faire ladite prisee, un ou deux notables marchans traffiquans semblables marchandises, et cognoissans lesdits meubles et marchandises. Lesquels, après serment par eux fait, priseront en leurs consciences lesdites marchandises et meubles; le prix desquelles ils seront tenus signer, aux charges et conditions cy-dessus declarees. Et lesquels marchans seront tenus iceux priseurs vendeurs contenter et salarier à leurs despens, à raison de vingt sols parisis pour jour; sans ce que iceux priseurs vendeurs en puissent prétendre autre droict que celui que leurs avons cy-dessus ordonné.

Si donnons en mandement par cesdites presentes, à nos amez et feaux les gens tenans et qui tiendront nos cours de parlement à Paris, Thoulouse, Bourdeaux, Roüen, Dijon, Provence, Dauphiné et Bretaigne, baillifs, seneschaux, prevosts, juges, ou leurs lieutenans, et à tous nos autres justiciers et sujets, si comme à eux appartiendra, que nos presentes declaration, suppression, erection, intention, vouloir, reglement, edict, statut et ordonnance faite par cesdites presentes, ils entretiennent, facent et observent, facent entretenir, garder et observer de poinct en poinct, selon leur forme et teneur, lire, publier et enregistrer en leur cour, et jurisdictions ordinaires, sans faire ne souffrir aucune chose estre faite au contraire : laquelle si faite avoit esté ou estoit, ils reparent, cassent et annullent, facent reparer, casser et annuller, incontinent et sans delay, reçoivent ou facent recevoir ceux des officiers par nous creez, et qui seront par nous pourveus, et de nous auront obtenu lettres de provision desdits offices; et prins et receu le serment en tel cas requis et accoustumé, ils facent, souffrent et laissent pleinement et paisiblement jouyr et user desdites offices et provisions, ensemble des droicts et profits qui leur seront par leurs lettres de provision par cy-apres ordonnez ; et à ce faire et souffrir ils contraignent reaument et de fait toutes personnes qu'il appartiendra, nonobstant oppositions ou appellations quelconques, pour lesquelles ne voulons estre differé ; nonobstant aussi quelques prescriptions, possessions ou usurpations faites au contraire de cesdites presentes, alleguees ou à alleguer, par quelque personne que ce soit ou puisse estre. Et pour ce que de ces presentes l'on pourra avoir affaire en plusieurs et divers lieux, nous voulons qu'au double et vidimus d'icelles, fait sous seel Royal, foy soit adjoustee comme à ce present original ; auquel, afin que ce soit chose ferme et stable à tousiours, nous avons fait mettre nostre seel à ces presentes, sauf en autres choses nostre droict, et l'autruy en toutes.

(16 octobre 1696.)

Edit portant création de Jurés-Priseurs, Vendeurs de meubles dans les Villes et Bourgs du Royaume, Paris excepté, avec règlement sur leurs droits et fonctions.

Louis, etc. La prisée et vente des biens meubles délaissés par les défunts, et de ceux saisis par autorité de justice, étant une fonction très importante au public, le roi Henri II créa par son édit du mois de février 1556, des offices de priseurs vendeurs desdits biens meubles; mais ces offices n'ayant point été vendus à cause du peu de soin qu'on prit de faire exécuter ledit édit, leur fonction fut unie par autre édit du mois de mars 1576, à celle des huissiers et sergens qui voudraient financer pour les acquérir, ce qui n'eut encore que très peu d'exécution, peu d'huissiers et sergens s'étant mis en devoir d'acquérir le titre et les fonctions desdits offices de priseurs, dont néanmoins ils ont tous indifféremment pris la qualité, et se sont depuis immiscés de faire sans titre les prisées, estimations et ventes desdits biens meubles; ce qui nous ayant été démontré, nous avons par édit de février 1691, désuni lesdites fonctions, des offices de sergens à verge de notre Chatelet de Paris, lesquelles nous avons attribuées à cent vingt d'entr'eux seulement, moyennant une nouvelle finance; et nous avons remboursé les autres de celles que leurs auteurs avaient payées aux rois nos prédécesseurs pour cette union. Et comme nous avons reconnu que le public se trouve mieux servi par ces officiers, lesquels n'étant presque employés qu'à ces fonctions, acquièrent la connaissance nécessaire pour faire une juste estimation du prix des meubles, nous avons jugé à propos de distraire pareillement ces fonctions de celles des huissiers et sergens de nos autres justices royales, et d'y créer des huissiers priseurs vendeurs desdits biens meubles, et pour leur ôter toute occasion de multiplier indûment le nombre de leurs vacations, et les exciter en même temps par leur propre intérêt à faire augmenter le prix des meubles, de leur attribuer pour tous droits et vacations quatre deniers pour livre du prix desdites ventes.

A ces causes, etc. Nous avons, par notre présent édit perpétuel et irrévocable, distrait et désuni, distrayons et désunissons les fonctions des offices de priseurs vendeurs de meubles, créés par lesdits édits des mois de février 1576, mars 1556, et tous autres, d'avec celles des huissiers et sergens royaux établis dans notre royaume. Voulons et nous plaît, qu'il soit incessamment pourvu au remboursement de la finance qui se trouvera avoir été payée pour l'acquisition desdites fonctions de priseurs vendeurs de meubles, suivant la liquidation qui en sera faite de notre conseil, sur la représentation des quittances de finances qui en seront rapportées par ceux qui pourraient avoir acquis lesdites fonctions. Et du même pouvoir et autorité que dessus, nous avons par notre présent édit perpétuel et irrévocable, créé et érigé, créons et érigeons en titre d'offices formés et héréditaires, des offices de jurés priseurs vendeurs de biens meubles, pour être établis dans toutes les villes et bourgs de notre royaume, pays, terres et seigneuries de notre obéissance du ressort de nos justices royales, à l'exception de notre bonne ville de Paris, et ce au nombre qui sera fixé par les rôles que nous ferons ci-après arrêter en notre conseil, lesquels feront seuls, à l'exclusion de tous autres, la prisée, exposition et vente de tous biens meubles, soit qu'elles soient faites volontairement après les inventaires, ou par autorité de justice, en quelque sorte et manière que ce puisse être et sans aucune exception. Auxquels jurés priseurs vendeurs nous avons attribué la faculté d'exploiter dans le cas de l'exécution de vente de meubles seulement, et ce concurremment avec les huissiers, et recevront les deniers desdites ventes, quand même les parties y appelleraient des huissiers ; et avons attribué auxdits jurés priseurs vendeurs, pour tous droits et vacations pour lesdites prisées et ventes seulement, quatre deniers pour livre du prix desdites ventes, lesquels ils retiendront par leurs mains sur les deniers provenans dudit prix, et pour chacun rôle de grosse de leurs procès-verbaux deux sols six deniers, et pareil droit de deux sols six deniers pour l'enregistrement de chacune des oppositions qui seront faites à la délivrance des deniers provenans desdites ventes, non compris le contrôle et coût du papier timbré;

desquelles oppositions ils feront mention dans leurs procès-verbaux, et en demeureront garans ; et à l'égard des exploits qu'ils feront comme huissiers, ils en seront payés de même que les autres huissiers ; au moyen de quoi nous faisons défenses à tous huissiers et sergens de s'immiscer à faire lesdites prisées, expositions et ventes de meubles, en quelque manière que ce soit, et aux contrôleurs des exploits de contrôler aucuns procès-verbaux de prisées et ventes desdits biens meubles qui seront faits par autres que lesdits jurés priseurs créés par le présent édit, à peine de cinq cents livres d'amende, applicable moitié à l'hôpital, et l'autre moitié aux pourvus desdits offices ; laquelle peine ne pourra être remise, modérée, ni réputée comminatoire. Défendons pareillement, et sous les mêmes peines, à tous huissiers et sergens, de troubler les pourvus des-dits offices dans les fonctions à eux attribuées. Voulons que lesdits priseurs fassent bourse com-mune des droits qui proviendront desdites pri-sées et ventes dans les lieux où ils seront plusieurs établis, pour celles qui seront faites dans lesdites villes et lieux seulement, à la réserve du quart qui appartiendra par préciput à celui qui aura fait la vente. Et à l'égard de celles qui seront faites à la campagne, les droits en appartiendront à ceux desdits officiers qui les auront faites ; et ne pourront les parts de ladite bourse commune

être saisies par quelque créancier que ce puisse
être, si ce n'est par ceux qui auront prêté leurs
deniers pour l'acquisition desdits offices; à la
sûreté desquels emprunts ils demeureront pour
toujours affectés et hypothéqués par préférence
à tous créanciers, sans qu'il soit besoin d'en faire
mention dans les quittances de finance ni ailleurs
que dans les contrats et obligations desdits emprunts. Voulons que sur les quittances du trésorier de nos revenus casuels de la finance à laquelle
lesdits offices auront été taxés par les rôles qui
en seront arrêtés en notre conseil, et sur celle
du marc d'or, toutes lettres de provisions soient
expédiées en notre grande chancellerie aux porteurs desdites quittances dûment contrôlées, sur
lesquelles ils seront reçus par les juges à qui il
appartiendra. Si donnons, etc.

(25 mai 1703.)

Acte de notoriété constatant que les Huissiers-Priseurs sont
dans la possession, dans la ville, faubourgs et banlieue
de Paris, d'assister aux inventaires, et de faire la prisée
des meubles article par article, dont le notaire fait mention et fait signer la minute à l'huissier-priseur.

Sur la requeste faite en jugement devant nous
par Mᵉ Pierre de Noinville, procureur au Chastelet de Paris, et de François de Lanney, huissier-
priseur, vendeur de biens meubles du ressort de

l'élection de Bayeux, CONTENANT qu'encore bien
que sondit office d'huissier-priseur soit créé à
l'instar desdits huissiers-priseurs de cette ville,
cependant Nicolas le Febvre, se disant commis
notaire à Igny, vicomté dudit Bayeux, n'a pas
laissé jusques à present que de faire plusieurs inventaires, sans y appeler le suppliant ny autre huissier-priseur, ce qui est une contravention aux
edits de creation desdits offices d'huissiers-priseurs, pour raison de quoy le suppliant est en
instance actuellement avec ledit le Febvre au
Conseil privé du Roy ; et comme il a besoin de
faire voir en ladite instance l'usage de cette ville
en matiere de prisées et ventes de meubles, il
nous auroit presenté sa requeste à ce qu'il nous
plust luy donner acte de notoriété que l'usage
du Chastelet de Paris en matiere de prisées et
estimations de meubles des successions apparte-
nantes tant aux mineurs qu'autres héritiers des
personnes décédées, et que tous les inventaires
desdits meubles sont faits par lesdits notaires dudit Chastelet, et la prisée d'iceux faite par un
huissier-priseur à l'exclusion de tous autres huissiers, et même de tous tapissiers et autres personnes qui s'ingeroient de faire lesdites prisées ;
que c'est l'huissier-priseur qui prise et estime lesdits meubles article par article sur la minute de
l'inventaire, laquelle même il signe, et que c'est
luy qui reçoit les encheres et fait seul les publi-

cations et adjudications desdits meubles lors de la vente d'iceux ; pour ledit acte de notoriété ser-vir et valoir au suppliant et à tous autres qu'il appartiendra ce que de raison.

Nous, après avoir pris l'avis des anciens avocats et procureurs, communiqué aux gens du roi et con-feré avec les juges du siege, disons que quoyque lesdits edits et declarations de Sa Majesté dussent suffir pour établir la fonction desdits huissiers-priseurs, néantmoins estant requis de donner un acte de notoriété de l'usage qui s'observe au Chas-telet.

Nous attestons et certifions que les huissiers-priseurs sont dans la possession, dans la ville, fauxbourgs et banlieue de Paris, d'assister aux inventaires et de faire la prisée des meubles article par article dont le notaire fait mention et fait si-gner la minute à l'huissier-priseur, qui de sa part ne fait point d'autre procès-verbal, à l'exception que lorsqu'il est question de priser des pierreries, *librairies* et autres choses precieuses qui excedent la connoissance des huissiers-priseurs, l'on ad-met par permission du juge en connoissance de cause, et du consentement des parties, des jouail-liers, *libraires*, tapissiers, mais toujours assistez de l'huissier-priseur qui signe conjointement la mi-nute de l'inventaire et à l'exclusion de tous autres huissiers, même ceux du conseil et cours supé-rieures dans la ville, fauxbourgs et banlieue de

Paris, et par concurrence avec les autres huissiers hors de la ville, fauxbourgs et banlieue, comme aussi qu'ils ont droit de faire les prisées dans tout le royaume par suite, lorsque les commissaires ont apposé le scellé et que les notaires du Chastelet font les inventaires : A l'égard des ventes, les huissiers-priseurs sont en possession de faire seuls les ventes publiques lorsqu'ils en sont requis par les parties, et donner les assignations aux opposans, et recevoir toutes celles qui se font à la vente, *et qu'il leur appartient de crier les meubles et de les adjuger au plus offrant et dernier enchérisseur, le tout à l'exclusion de tous autres huissiers, sergens* dans la ville, fauxbourgs et banlieue de Paris, ce que nous attestons estre l'usage des fonctions desdits huissiers-priseurs du Chastelet de Paris.

(18 juin 1758.)

Déclaration qui confirme les Huissiers-Priseurs, au Châtelet de Paris, dans leurs offices, fonctions et priviléges y attribués.

Louis, etc. Le prix auquel sont montés dans le commerce les offices d'huissiers-priseurs vendeurs de biens meubles au Châtelet de Paris, n'étant plus proportionné à leur finance originaire, nous aurions pu les supprimer pour les recréer ensuite avec une finance plus considérable; mais les pourvus de ces offices s'étant portés par délibération de leur communauté, du 1er juillet 1757, à nous offrir de nous payer un supplément de finance, à condition qu'il nous plairait les confirmer dans les priviléges et fonctions qui leur sont attribués par les différents édits et déclarations qui les concernent, et dans aucun desquels cependant ils souffrent quelque trouble, et leur accorder en outre une augmentation de quelques-uns de leurs droits, qui les mit en état de payer l'intérêt des emprunts qu'ils seraient obligés de faire, nous avons préféré, en acceptant leurs offres, de leur témoigner la satisfaction que nous avons de leur zèle, et nous nous sommes portés avec d'autant moins de peine à leur accorder cette augmentation de droits, que les secours qu'ils nous fournissent, la rendent juste et raisonnable, et que d'ailleurs, outre qu'elle est légère en elle-même, elle sera presque insensible à nos sujets par la répartition qui s'en fera sur chacun de ceux qui se trouveraient dans le cas où le ministère de ces officiers est d'une nécessité indispensable. A ces causes, etc., voulons et nous plaît ce qui suit :

Art. 1er. Les pourvus des cent vingt offices d'huissiers commissaires-priseurs vendeurs de biens-meubles au Châtelet de Paris, seront et demeureront maintenus et confirmés dans le droit de faire seuls, et à l'exclusion de tous autres, toutes les prisées, expositions et ventes de toutes sortes de meubles et effets mobiliers, dans ladite ville, faubourgs et banlieue de Paris, par concurrence dans la prévôté et vicomté de Paris, et par suite d'inventaire et de vente dans toute l'étendue du royaume, conformément à notre édit du mois de mars 1713.

2. Pourront pareillement lesdits huissiers-priseurs vendeurs de biens-meubles, faire les ventes tant forcées que volontaires des fonds de librairies et d'imprimeries, en appelant les syndics et adjoints de libraires pour être présens auxdites ventes, sans néanmoins par lesdits huissiers pouvoir faire les prisées desdits fonds de librairies et d'imprimeries, lesquelles seront faites par des libraires et imprimeurs seulement.

3. Voulons que, conformément aux édits de 1705, septembre 1708 et août 1712, les originaux des oppositions et des saisies-arrêts, qui seront formées entre les mains desdits huissiers commissaires-priseurs à la délivrance des deniers des ventes, soient visés sans frais par lesdits huissiers, et que, faute de l'avoir été, l'huissier entre les mains de qui elles seront faites, n'en soit en aucune façon garant ni responsable : ordonnons en conséquence que toutes les oppositions seront signifiées auxdits huissiers en leur bureau, à l'effet de quoi il y aura toujours deux desdits huissiers de service audit bureau pour viser lesdits exploits de saisie

ou opposition; savoir, le matin, depuis neuf heures jusqu'à midi, et le soir depuis trois heures jusqu'à sept; et, faute par les opposants d'avoir fait signifier et viser audit bureau leurs oppositions, elles demeureront comme nulles et non avenues.

4. Lesdits huissiers commissaires-priseurs vendeurs de biens-meubles continueront à percevoir six livres par chaque vacation des prisées et estimations desdits meubles; et à l'égard des vacations des ventes, voulons qu'ils perçoivent vingt sous en sus, que nous leur attribuons par augmentation.

5. Continueront pareillement à percevoir les trois deniers pour livres du montant des ventes volontaires, et les quatre deniers pour livre du montant des ventes forcées de toutes sortes de meubles, sans exception, même sur la vaisselle d'argent, qui sera portée dans ledit cas de vente forcée, aux hôtels des monnaies, n'entendant néanmoins qu'ils puissent rien prétendre, ni exiger sur celle qui sera retenue par les veufs, les veuves, les présomptifs héritiers et autres en ayant le droit, en substituant la valeur, ou partagée entre eux, le tout soit en cas de vente volontaire, ou de vente forcée.

6. Ordonnons que les sept sous six deniers à eux attribués par l'édit du mois de mars 1713 pour chacun rôle de grosse, seront augmentés

d'un sou six deniers, et portés à neuf sous par rôle, desquels neuf sous il entrera moitié en bourse commune, pour servir avec le produit des autres droits de ladite bourse commune, au paiement des rentes constituées et autres dettes de la communauté, et voulons qu'ils soient tenus de remplir chaque rôle de vingt-deux lignes à la page, et de douze syllabes à la ligne, et qu'ils ne puissent transcrire dans leurs grosses, aucunes des pièces qu'ils annexent à leur minute, pas même les oppositions, dont ils ne feront qu'une mention sommaire touchant la date, le nom de l'opposant et sa demeure et domicile élu, laquelle mention sera faite de suite à la fin de la grosse.

7. Lesdits huissiers commissaires-priseurs vendeurs de biens-meubles, tant pour jouir des attributions portées par les présentes, que pour être maintenus et confirmés dans leurs offices, et dans tous les droits, fonctions, prérogatives, privilége de garde-gardienne et autres y attribués, seront tenus de nous payer par forme de supplément de finance, dans un mois, à compter du jour de l'enregistrement des présentes, la somme de douze cent mille livres, à répartir entr'eux, à raison de dix mille livres chacun, pour ladite somme ne faire avec celles par eux précédemment payées, qu'une seule et même finance, et sans que, pour raison de ladite augmentation, ils soient tenus

de payer à l'avenir de plus grands droits de sceau, marc d'or et autre que par le passé.

8. Autorisons lesdits officiers à emprunter en corps, ou séparément sur le pied du denier vingt, et sans aucune retenue des vingtièmes, deux sous pour livre de deuxième et autres impositions, les deniers nécessaires pour ledit supplément, et à y affecter et hypothéquer leurs offices et leur bourse commune. Voulons qu'il soit fait déclarations desdits emprunts dans les quittances qui leur seront expédiées par le trésorier de nos revenus casuels; comme aussi qu'en attendant qu'ils aient satisfait audit supplément, et à compter du jour de la publication des présentes, ils jouissent des droits et attributions y portées, sans que, pour raison d'iceux, ils puissent être augmentés à la capitation. Si donnons, etc.

(3 FÉVRIER 1771.)

Édit concernant les Offices de Jurés-Priseurs Vendeurs de meubles.

Louis, par la grace de Dieu, Roi de France et de Navarre : A tous présens et à venir, salut. Le feu roi notre très-honoré seigneur et bisayeul, aurait, par son édit du mois d'octobre 1696, distrait des offices d'huissiers et sergens royaux, les fonctions de ceux de jurés-priseurs vendeurs de meubles, créés par édits du mois de février 1556 et mars 1576 ou autres, et aurait créé des offices particuliers auxquels il en aurait fait l'attribution, afin que les titulaires étant uniquement occupés desdites fonctions, pussent acquérir la connaissance nécessaire pour faire une juste estimation du prix des meubles, et que le public fût mieux servi. Par le compte que nous nous en sommes fait rendre, nous avons reconnu que ces offices ont été levés pour une finance si modique, qu'elle n'est pas suffisante pour répondre des deniers provenans des ventes dont ceux qui les exercent sont dépositaires; nous avons considéré en même tems que comme l'utilité de ces offices s'accroît journellement par l'augmentation que le commerce et le progrès des manufactures et des arts ont produite, et ne peuvent manquer de produire dans les richesses mobiliaires de nos sujets, c'était aussi une raison pour exiger dans ceux qui les remplissent une plus grande solidité ; nous avons cru en conséquence ne pouvoir rien faire de mieux à cet égard, que de supprimer tous les offices de jurés-priseurs vendeurs de biens-meubles créés par ledit édit d'octobre 1696, ou tous autres édits quelconques, à la réserve de ceux de notre bonne ville de Paris, et d'en recréer de nouveaux avec une finance plus proportionnée avec les mêmes attributions portées par l'édit d'octobre 1696, et en réglant le prix des vacations qu'ils ont été autorisés à se faire payer par la déclaration du 12 mars 1697, en sorte qu'elle ne soit plus arbitraire. A ces causes, et autres à ce nous mouvant, de l'avis de notre Conseil, et de notre certaine science, pleine puissance et autorité royale, nous avons, par le présent édit perpétuel et irrévocable, dit, statué et ordonné, disons, statuons et ordonnons, voulons et nous plaît ce qui suit :

Art. 1er. Avons éteint et supprimé, éteignons et supprimons tous les offices de jurés-priseurs vendeurs de biens-meubles créés par édit d'octobre 1696, ou autres édits, à quelques titres qu'ils soient possédés, et encore qu'ils soient exercés en vertu de réunions ou autrement, à la réserve seulement de ceux de notre bonne ville de Paris. Voulons qu'il soit procédé à la liquidation et au remboursement des finances payées pour raison desdits offices, et qu'à cet effet les quittances et autres titres en soient remis ès mains du contrôleur général de nos finances dans trois mois, à compter du jour de la publication du présent édit.

2. Du même pouvoir et autorité que dessus, nous avons créé et érigé, créons et érigeons en titres d'offices formés des jurés-priseurs vendeurs de biens-meubles, pour être établis dans toutes les villes et bourgs de notre royaume, pays, terres et seigneuries de notre obéissance, où il y a jus-

tice royale, à l'exception de notre bonne ville et banlieue de Paris, et ce au nombre qui sera fixé par les rôles qui seront arrêtés en notre conseil.

3. La finance desdits offices, ensemble les deux sols pour livre, seront payés sur la quittance du trésorier de nos revenus casuels, conformément aux rôles qui seront pareillement arrêtés en notre conseil.

4. Les pourvus ou propriétaires des offices supprimés seront préférés pour la levée desdits nouveaux offices, à la charge par eux d'en payer la finance, ensemble les deux sols pour livre, dans trois mois, à compter du jour de la publication de notre présent édit, sur laquelle finance il leur sera tenu compte de ce qui leur sera dû pour leur remboursement, suivant la liquidation qui en aura été faite.

5. *Lesdits jurés-priseurs vendeurs de meubles feront seuls, et à l'exclusion de tous autres, dans toute l'étendue du ressort du bailliage, sénéchaussée, et autres justices royales du lieu de leur établissement, la prisée, exposition et vente de tous biens-meubles, soit qu'elles soient faites volontairement après les inventaires, ou par autorité de justice, en quelque sorte et manière que ce puisse être, et sans aucune exception; recevront les deniers provenans desdites ventes, quand même les parties y appelleraient d'autres huissiers, et jouiront de la faculté d'exploiter, dans le cas de l'exécution et*

vente de meubles, concurremment avec les autres huis-
siers dans l'étendue de leur ressort.

6. Avons attribué et attribuons auxdits jurés-priseurs vendeurs de biens-meubles, conformément audit édit d'octobre 1696, quatre deniers pour livre du prix des ventes seulement, lesquels ils retiendront par leurs mains sur les deniers provenans dudit prix ; deux sols six deniers pour chacun rôle de grosse de leurs procès-verbaux, et pareil droit de deux sols six deniers pour l'enregistrement de chacune des oppositions qui seront faites à la délivrance des deniers provenans desdites ventes, non compris le contrôle et le coût du papier timbré, desquelles oppositions ils feront mention dans leurs procès-verbaux, et demeureront garans ; et en outre par chaque vacation de prisées, dans les cas où elle aura lieu, et qu'il en aura été dressé procès-verbal, trente sols, sans préjudice des exploits qu'ils feront comme huissiers, desquels ils seront payés comme huissiers. Défendons auxdits jurés-priseurs vendeurs de meubles de percevoir autres droits que ceux portés par le présent article, sous prétexte de la déclaration du 12 mars 1697, ou quelque autre prétexte que ce soit, à peine de restitution du quadruple.

7. Voulons, à l'égard des oppositions, que les originaux en soient visés sans frais par le juré-priseur vendeur de meubles, entre les mains de

qui elles seront faites, et que faute par les opposants de les avoir fait viser, elles demeurent nulles et comme non avenues, et que la garantie portée par l'article précédent ne puisse avoir lieu contre lui.

8. Ordonnons que lesdits jurés-priseurs vendeurs de biens-meubles dans les villes et lieux où ils seront plusieurs établis, feront bourse commune des deniers qui proviendront desdites prisées et ventes, à la réserve du quart pour celles qui seront faites dans lesdites villes et lieux, qui appartiendra par préciput à celui qui aura fait lesdites prisées et ventes, et du droit entier de vacations, et moitié des autres droits pour les prisées et ventes faites à la campagne, et qui appartiendront aussi par préciput à ceux desdits officiers qui les auront faites : ne pourront les parts de ladite bourse commune être saisies par quelques créanciers que ce puisse être, si ce n'est par ceux qui auront prêté leurs deniers pour l'acquisition desdits offices, ou pour fait de charge seulement.

9. *Faisons très-expresses inhibitions et défenses à tous notaires, greffiers, huissiers et sergents royaux, de quelque juridiction que ce soit, même des amirautés, de s'immiscer à l'avenir de faire lesdites prisées, expositions et ventes de biens-meubles, en quelque manière que ce soit, à peine de mille livres d'amende, et aux contrôleurs des exploits de contrôler aucuns procès-verbaux*

de prisées et ventes desdits biens-meubles qui seraient faits par autres que lesdits jurés-priseurs, à pèine de pareille somme, et lesdites amendes applicables; moitié à l'hôpital du lieu, et l'autre moitié aux pourvus desdits offices, ne pourront être modérées ni réputées comminatoires.

10. N'entendons néanmoins rien innover à l'égard des seigneurs hauts-justiciers, dont les officiers pourront faire les prisées et ventes de meubles entre les justiciables de leurs justices, et en vertu des sentences émanées de leurs juges, et ce concurremment avec lesdits jurés-priseurs, sans néanmoins qu'ils puissent percevoir ni s'attribuer les quatre deniers pour livre attribués auxdits jurés-priseurs. Leur défendons, hors le cas ci-dessus, de s'y immiscer, à peine de trois cents livres d'amende applicable comme dessus, et de restitution du quadruple des droits.

11. Dispensons les pourvus des offices supprimés par le présent édit, qui profiteront de la préférence que nous leur avons accordée par l'art. 4, de prendre de nouvelles provisions, et de se faire recevoir et prêter de nouveau serment : voulons qu'ils continuent à jouir en vertu de leurs anciennes provisions et réception, et sur la quittance de finance qui leur sera expédiée, après toutefois qu'ils l'auront fait enregistrer au contrôle général de nos finances et au greffe de la juridiction du ressort.

12. Permettons de posséder conjointement plusieurs desdits offices en vertu d'une seule et même provision, et aux pourvus de les faire exercer par telle personne qu'il leur plaira commettre, à la charge par eux de demeurer civilement responsables de ceux qu'ils auront commis, et par lesdits commis de prendre une commission en notre grande Chancellerie, et de se faire recevoir par-devant les juges qu'il appartiendra, pour laquelle réception il ne sera perçu que six livres.

13. Permettons aux acquéreurs desdits offices d'emprunter les sommes nécessaires pour en payer la finance; voulons que lesdits offices, ensemble leur part de bourse commune, soient et demeurent affectés auxdits emprunts par privilége spécial et préférence à tous créanciers, à l'effet de quoi il en sera fait déclaration dans les quittances de finance qui leur seront expédiées....

(13 NOVEMBRE 1778.)

Arrêt du Conseil d'État qui fait défense à toutes personnes, autres que les Notaires, Greffiers, Huissiers ou Sergents royaux, de faire les prisées, expositions et ventes de biens-meubles.

Le roi étant informé que, malgré les dispositions précises de l'édit du mois de février 1771 et des lettres-patentes du 7 juillet suivant, qui défendent à toutes personnes autres que les no-

taires, greffiers, huissiers ou sergents royaux, de
faire les prisées, expositions et ventes de biens-
meubles, il arrive journellement que les propriétaires desdits biens-meubles s'ingèrent à en faire
eux-mêmes les ventes au plus offrant et dernier
enchérisseur, sans requérir le ministère d'aucun
officier public; que souvent les notaires, greffiers, huissiers ou sergents royaux, auxquels il est
enjoint de rédiger des procès-verbaux en forme
des ventes qu'ils sont requis de faire, s'abstien-
nent d'en dresser des procès-verbaux et de les
faire contrôler, pour ôter la connaissance desdites ventes; que d'autres, d'intelligence avec
les parties, ne comprennent dans leurs procès-
verbaux que les objets de moindre valeur, et en
soutraient les plus considérables, pour frauder
une partie des droits; et que ceux-ci affectent
de faire contrôler lesdits procès-verbaux dans les
bureaux éloignés, où l'on ne peut avoir connaissance ni des ventes, ni des objets vendus. A quoi
Sa Majesté voulant pourvoir : ouï le rapport du
sieur Moreau de Beaumont, conseiller d'État ordinaire et au Conseil royal des finances; le roi
étant en son Conseil, a ordonné et ordonne que
l'édit du mois de février 1771, les lettres-patentes du 7 juillet de la même année, les arrêts des
24 août 1772 et 20 juin 1775, seront exécutés
selon leur forme et teneur. Fait en conséquence,
sa Majesté, défenses à toutes personnes sans ca-

ractère, même aux propriétaires, héritiers ou autres, de faire personnellement l'exposition, vente ou adjudication à l'encan, d'aucuns biens-meubles à eux appartenant ou à d'autres, à peine de confiscation des meubles et de mille livres d'amende; leur enjoint d'y faire procéder par tel notaire, huissier ou sergent royal que bon leur semblera, lesquels seront tenus, sous les mêmes peines, de dresser des procès-verbaux en forme et sur papier timbré, desdites ventes, et de comprendre dans lesdits procès-verbaux tous les articles exposés en vente, tant ceux par eux adjugés, soit en totalité ou sur simple échantillon, que ceux retirés ou livrés par les propriétaires ou héritiers, pour le prix de l'enchère ou de la prisée : veut Sa Majesté que lesdits notaires, greffiers, huissiers ou sergents, soient pareillement tenus de rapporter les originaux desdits procès-verbaux de ventes, dans les délais fixés pour le contrôle, aux bureaux du régisseur dans l'arrondissement desquels les ventes auront été faites, et d'y acquitter les quatre deniers pour livre du montant desdites ventes; leur fait expresses inhibitions et défenses, à peine de mille livres d'amende, de porter lesdits procès-verbaux, sous quelque cause que ce puisse être, à d'autres bureaux que ceux des lieux de l'arrondissement; et aux contrôleurs des actes et exploits, de contrôler aucuns procès-verbaux de ventes de biens-meubles qui auraient été faites hors des lieux de leur arrondissement, qu'il ne leur soit apparu de la quittance du payement des droits de quatre deniers pour livre entre les mains du receveur du bureau dans l'arrondissement duquel la vente aura été faite, à peine de nullité, de mille livres d'amende et de plus grande peine en cas de récidive ; lesquelles amendes ci-dessus ordonnées ne pourront, en aucun cas, être remises ni modérées par les juges. Enjoint Sa Majesté aux sieurs intendants et commissaires départis dans les généralités du royaume, de tenir la main à l'exécution du présent arrêt, en ce qui les concerne ; lequel sera imprimé, publié et affiché partout où besoin sera. Fait au Conseil-d'État du Roi, Sa Majesté y étant, tenu à Versailles, le 13 novembre 1778. Signé Hamelot.

Louis, par la grâce de Dieu, Roi de France et de Navarre, à notre amé et féal conseiller en nos conseils, le sieur intendant et commissaire départi pour l'exécution de nos ordres dans la généralité de Paris, salut. Nous vous mandons et ordonnons par ces présentes, signées de nous, de tenir la main à l'exécution de l'arrêt dont expédition est ci-attachée sous le contre-scel de notre chancellerie, rendu le 13 novembre dernier en notre Conseil-d'État, nous y étant, pour les causes y contenues : commandons au premier notre huissier ou sergent sur ce requis, de signifier ledit arrêt à tous qu'il appartiendra, à ce que personne n'en ignore, et de faire en outre, pour l'entière exécution d'icelui , et de ce que vous ordonnerez en conséquence, tous commandements, sommations, significations et autres actes et exploits de justice requis et nécessaires, sans autre congé ni permission, nonobstant toutes choses à ce contraires : car tel est notre plaisir.

(3 JANVIER 1782.)

Lettres-patentes portant règlement pour la perception des droits des Jurés-Priseurs ([1]).

Louis, etc. Etant informé que les droits de vacations et autres attribués aux jurés-priseurs, vendeurs de biens-meubles dans les ressorts des différents bailliages de notre royaume varient suivant les usages locaux, les règlements et les autorisations des juges, et qu'ils se perçoivent, savoir : ceux de prisée et de vente de meubles, depuis trois livres jusqu'à huit livres, et ceux pour l'enregistrement de chaque opposition formée auxdites ventes, et pour chacun rôle de grosse et de leurs procès-verbaux, depuis cinq sous jusqu'à huit sous, sans que lesdits droits aient été réglés par une loi générale, enregistrée dans nos Cours, nous

([1]) Voir édit. de février 1771.

avons jugé à propos de pourvoir à ce que la perception des droits desdits officiers soit uniforme et n'éprouve aucune difficulté. A ces causes, etc.

Art. 1er Les jurés-priseurs en titre d'office percevront trois livres pour chaque vacation de trois heures par eux employées, soit à la prisée, soit à la vente des meubles, outre les quatre deniers pour livre desdites ventes seulement, et leurs frais de voyage, tels qu'ils sont fixés pour les huissiers; et il leur sera payé six sous pour chaque rôle de grosse de leurs procès-verbaux, six sous pour l'enregistrement de chacune des oppositions qui seront faites à la délivrance des deniers provenant desdites ventes, et trente sous par chaque extrait de leurs procès-verbaux, non compris dans lesdits droits le remboursement du contrôle et du coût du papier timbré.

2. Les huissiers et sergents qui, en attendant la vente des offices des jurés-priseurs non encore levés, font les fonctions desdits priseurs, ne pourront percevoir que la moitié des droits ci-dessus expliqués, leur faisant défense d'exiger au delà de ladite moitié.

3. Nous voulons que ces présentes soient exécutées nonobstant tous édits, déclarations, arrêts, coutumes, règlements et toutes autres choses à ce contraires, auxquelles nous dérogeons

expressément; n'entendons cependant que les dispositions ci-dessus puissent concerner les huissiers–commissaires-priseurs au Châtelet de Paris.

Si donnons en mandement, etc.

______

(21-26 JUILLET 1790.)

Décret qui supprime les offices des Jurés-Priseurs; qui ordonne de continuer, au profit du Trésor public, la perception du droit des quatre deniers pour livre du prix de la vente, qui leur avait été attribué, et qui autorise les Notaires, Greffiers, Huissiers et Sergents à procéder à cette vente.

Art. 1ᵉʳ. *Les offices de jurés-priseurs, créés par édit de février 1774, ou autres, demeureront supprimés, à compter de ce jour.*

2. Le droit de quatre deniers pour livre du prix des ventes qui leur avait été attribué, continuera d'être perçu au profit du Trésor public, par les officiers qui feront la vente, et le produit en sera versé par eux dans les mains des préposés à la recette.

3. Les finances desdits offices seront liquidées.

4. Il sera délivré à ceux qui auront droit aux finances, treize coupons d'annuités payables d'année en année, dans lesquelles l'intérêt à cinq pour cent sera cumulé avec le capital.

5. Il sera prélevé, sur le produit des quatre deniers pour livre, une somme annuelle de huit

cent mille livres, qui sera versée dans la caisse du trésorier de l'extraordinaire, et employée par lui au payement de ces annuités.

6. *Les notaires, greffiers, huissiers et sergents sont autorisés à faire les ventes de meubles dans tous les lieux où elles étaient ci-devant faites par les jurés-priseurs.*

7. Les procès-verbaux de ventes et de prisées, faites par les officiers ci-dessus désignés, ne seront soumis qu'aux mêmes droits de contrôle que ceux des jurés-priseurs.

8. Il ne pourra être perçu par lesdits officiers que deux sous six deniers du rôle de grosse des procès-verbaux, deux sous six deniers pour l'enregistrement d'une opposition, et une livre dix sous par vacation de prisée, conformément à l'article 6 de l'édit de février 1771, et ce sans préjudice des conventions particulières qui pourront modifier ou abonner les droits.

9. Les quatre deniers pour livre du prix des ventes seront versés par les officiers qui les auront faites, dans les mains du contrôleur des actes, ou receveur des domaines, lesquels en compteront à la régie des domaines.

10. Les quittances de finance des offices de jurés-priseurs supprimés, seront remises au plus tard dans deux mois, à dater du jour de la publication du présent décret, au comité de liquidation.

11. Le comité se fera représenter les registres des parties casuelles et les décisions qui peuvent avoir modéré le prix desdits offices, et en fera son rapport pour y être statué (1).

(17 septembre 1793.) (an ii.)

Décret qui autorise les Notaires, Greffiers et Huissiers à faire les prisées et ventes de meubles, et fixe le prix des vacations.

Art. 1er. Les notaires, greffiers et huissiers sont autorisés à faire les prisées et ventes de meubles dans toute l'étendue de la république.

2. En conséquence, les huissiers-priseurs de Paris et les huissiers ci-devant de l'hôtel cesseront les fonctions attribuées à leurs offices ; néanmoins ceux d'entre eux qui avaient le droit d'exercer les autres fonctions d'huissier, auront la faculté de les remplir concurremment avec ces derniers.

3. Il ne pourra être perçu à Paris par lesdits officiers, lorsqu'ils procéderont aux ventes, que trois livres par vacation, dont la durée sera de trois heures, et cinq sous pour l'enregistrement d'une opposition. Il leur sera accordé en outre

(¹) La loi du 27 ventôse an IX (18 mars 1801), ci-après, a re-créé les jurés-priseurs sous le titre de commissaires-priseurs, mais pour Paris seulement ; celle du 28 avril 1816, ci-après, a étendu cette institution à toute la France.

les deux tiers du prix des vacations pour l'expédition du procès-verbal de chaque séance, sans y comprendre les droits d'enregistrement et de timbre.

4. Les officiers publics qui rempliront les mêmes fonctions dans les départements ne pourront également y percevoir que les deux tiers du prix des vacations, ainsi qu'elles sont fixées par la loi du 21 juillet 1790. La Convention nationale rapporte l'article 8 de cette même loi qui les autorisait à percevoir deux sous six deniers par rôle de grosse des procès-verbaux.

5. La Convention nationale ajourne les autres articles du projet de décret, et renvoie à l'examen de son comité de législation la question de savoir s'il ne serait pas possible de supprimer les huissiers.

———

(29 août 1796.)

Arrêté portant défenses à tous autres que les Notaires, Greffiers et Huissiers de s'immiscer dans les prisées, estimations et ventes publiques de meubles et effets mobiliers.

Le Directoire exécutif, après avoir entendu le rapport du ministre de la justice, sur les abus résultant du droit que des particuliers s'arrogent, dans quelques cantons, de faire des ventes publiques de meubles et effets mobiliers;

Considérant que l'article 1er de la loi du 17 septembre 1793, en autorisant les notaires, greffiers et huissiers, à faire des ventes publiques, a suffisamment fait connaître que ce droit ne pouvait être exercé par des citoyens, ou même par des fonctionnaires publics qui ne seraient ni huissiers, ni greffiers, ni notaires ; que l'intention de cette loi est encore plus clairement manifestée par l'exception qu'elle établit, art. 2, en faveur de ceux entre les huissiers-priseurs qui avaient le droit d'exercer les autres fonctions d'huissier, et à qui elle accorde, par cette raison, la faculté de les remplir concurremment avec les huissiers, greffiers et notaires, faculté qu'il serait illusoire et sans objet d'accorder par une disposition expresse, si elle appartenait de droit à tous les individus;

Considérant que cette vérité acquiert encore un nouveau degré d'évidence, lorsqu'on réfléchit que, par la loi qui vient d'être citée, ainsi que par celle des 21-26 juillet 1790, les notaires, les greffiers et les huissiers ont été subrogés aux droits des ci-devant huissiers-priseurs, à qui une foule de règlements, et notamment l'édit de 1771, avait attribué celui de faire *seuls*, et *à l'exclusion de tous autres, la prisée, exposition et ventes de biens-meubles, soit qu'elles fussent faites volontairement après inventaire, ou par autorité de justice, en quelque sorte et manière que ce pût être, et sans aucune exception;*

Considérant qu'il est instant d'assurer au Trésor public le recouvrement de tous les droits d'enregistrement et de timbre auxquels sont assujetties les prisées, inventaires et ventes publiques de meubles et effets mobiliers, et qu'éludent presque toujours les citoyens qui, sans caractère légal, se permettent de procéder à ces actes. — Arrête ce qui suit :

Art. 1er. Conformément aux lois des 21-26 juillet 1790 et 11 septembre 1793, et aux règlements antérieurs, maintenus provisoirement par le décret de la Convention nationale du 21 septembre; il est défendu à tous autres que les notaires, greffiers et huissiers, de s'immiscer dans les prisées, estimations et ventes publiques de meubles et effets mobiliers, soit qu'elles soient faites volontairement, après inventaire ou par autorité de justice, en quelque sorte et manière que ce puisse être et sans aucune exception.

2. Les contrevenants seront poursuivis devant les tribunaux, à la requête et diligence des commissaires du Directoire exécutif près les administrations, pour être condamnés aux amendes portées par les règlements non abrogés, sans préjudice des dommages-intérêts des notaires, greffiers et huissiers, pour raison desquels ceux-ci se pourvoiront contre eux ainsi qu'ils aviseront.

(9 novembre 1797.)

Extrait de la Loi relative à la surveillance du titre et à la perception des droits de garantie des matières d'or et d'argent ([1]).

Art. 1er. Tous les ouvrages d'orfévrerie et d'argenterie fabriqués en France, doivent être conformes aux titres prescrits par la loi, respectivement suivant leur nature.

2. Ces titres, ou la quantité de fin contenue dans chaque pièce, s'exprimeront en millièmes. Les anciennes dénominations de karats et de deniers, pour exprimer le degré de pureté des métaux précieux, n'auront plus lieu.

4. Il y a trois titres légaux pour les ouvrages d'or, et deux pour les ouvrages d'argent ; savoir, pour l'or :

Le premier, de 920 millièmes (ou 22 karats 2/32 et 1/2 environ); — le second, de 840 millièmes (20 karats 3/32 et 1/8); — le troisième, de 750 millièmes (18 karats).

Et pour l'argent :

Le premier, de 950 millièmes (11 deniers, 9 grains 7/10); le second, de 800 millièmes (9 deniers 11 grains 1/2).

5. La tolérance des titres pour l'or est de trois

([1]) Voir ci-après la lettre du directeur-général des contributions, du 28 juin 1823.

millièmes; celle des titres pour l'argent est de cinq millièmes.

6. Les fabricants peuvent employer à leur gré l'un des titres mentionnés en l'article 6, respectivement pour les ouvrages d'or et d'argent, quelle que soit la grosseur ou l'espèce des pièces fabriquées.

8. Il y a pour marquer les ouvrages, tant en or qu'en argent, trois espèces principales de poinçons, savoir : — Celui du fabricant, celui du titre, et celui du bureau de garantie.— Il y a d'ailleurs deux petits poinçons, l'un pour les menus ouvrages d'argent, trop petits pour recevoir l'empreinte des trois espèces de poinçons précédentes. Il y a de plus un poinçon particulier pour les vieux ouvrages dits de *hasard*; — Un autre pour les ouvrages venant de l'étranger; — Une troisième sorte pour les ouvrages doublés ou plaqués d'or ou d'argent ; — Une quatrième sorte dite *poinçon de recense*, qui s'applique par l'autorité publique, lorsqu'il s'agit d'empêcher l'effet de quelque infidélité relative aux titres et aux poinçons. — Enfin, un poinçoin particulier pour marquer les lingots d'or et d'argent affinés.

107. Tout ouvrage d'or et d'argent achevé et non marqué trouvé chez un marchand ou fabricant, sera saisi, et donnera lieu aux poursuites par-devant le tribunal de police correctionnelle. Les propriétaires des objets saisis encourront la

confiscation de ces objets, et en outre les autres peines portées par la loi (¹).

108. Seront saisis également et confisqués tous les ouvrages d'or et d'argent sur lesquels les marques des poinçons se trouveront entées, soudées et contre-tirées en quelque manière que ce soit; et le possesseur avec connaissance sera condamné à six années de fers.

109. Les ouvrages marqués de faux poinçons seront confisqués dans tous les cas; et ceux qui les garderaient ou les exposeraient en vente avec connaissance, seront condamnés la première fois à une amende de 200 francs; la deuxième, à une amende de 400 francs, avec affiche de la condamnation dans tout le département, aux frais du délinquant; et la troisième fois, à une amende de 1,000 francs, avec interdiction de tout commerce d'or et d'argent.

———

(4 OCTOBRE 1797.)

La loi relative au droit de timbre fixe ou de dimension pour les journaux et affiches trouve plus naturellement sa place à la suite de l'extrait de la loi du 3 novembre 1798 ci-après.

(¹) Cet article n'admet aucune excuse. Cass., 18 mai 1815. — Il s'applique aux ouvrages marqués des anciens poinçons, et qui ne contiennent pas l'empreinte des nouveaux. Cass., 25 juin 1810. —Cependant il a été jugé qu'il y a excuse recevable, si l'acheteur d'un de ces objets démontre que le peu de temps qui s'est écoulé entre l'achat et la saisie ne lui a pas permis de faire apposer la nouvelle marque. Cass., 8 frimaire an **XIV**.

(12 NOVEMBRE 1797.)

Extrait de l'Arrêté concernant la vente des effets mobiliers, de commerce ou d'approvisionnement non réservés pour le service public.

Art. 1er. Le ministre des finances est chargé exclusivement à tout autre ordonnateur, de faire procéder à la vente des effets mobiliers, marchandises, effets de commerce ou d'approvisionnement non réservés pour le Trésor public.

2. Les autres ministres, tous autres ordonnateurs, leurs agents ou préposés qui auront à leur disposition des objets pareils à ceux dénommés dans l'article précédent, en adresseront successivement les états aux ministres des finances; ils lui feront part, en même temps, du mode d'après lequel ils pensent que la vente peut en être faite le plus avantageusement.

(12 JANVIER 1798.)

Arrêté qui détermine un mode pour la vente du mobilier national.

Art. 1er. Les préposés de la régie de l'enregistrement et des domaines, dans tous les départements de la République, seront tenus de provoquer la mise en vente des effets mobiliers non réservés pour le service public.

2. Les administrations départementales fixeront le jour où les ventes devront avoir lieu.

3. Ces ventes seront faites *exclusivement* par les receveurs de la régie de l'enregistrement et des domaines, en présence d'un commissaire de l'administration municipale de l'arrondissement. — L'absence de ce commissaire ne pourra retarder ni empêcher la vente.

(22 OCTOBRE 1798.)

Extrait de la Loi relative aux patentes.

Art. 2. Les droits de patentes seront perçus conformément au tarif annexé à la présente loi (¹).

4. Les patentes seront prises dans les trois premiers mois de l'année pour l'année entière, sans qu'elles puissent être bornées à une partie de l'année. Ceux qui entreprendront, dans le courant de l'année, un commerce, une profession, une industrie sujette à patente, ne devront le droit qu'au prorata de l'année, calculée par trimestres, et sans qu'un trimestre puisse être divisé. Ils seront tenus de payer le prorata dans le premier mois de leur établissement. Aucune patente ne sera délivrée au prorata que sur le vu du certificat de l'administration municipale du canton,

---

(1) Ce tarif comprend les commissaires-priseurs, notaires et huissiers; mais ils en ont été relevés par la loi du 25 avril 1844, art. 13. — En rapportant ci-après la nouvelle loi sur les patentes, nous faisons des observations.

d'après le rapport de l'agent municipal ou de son adjoint de la commune du requérant. Ce certificat constatera que le requérant n'a point encore exercé aucun état sujet à la patente. Dans les communes où la population excède cinq mille âmes, ces certificats seront délivrés par les officiers municipaux ; ils seront présentés au receveur de l'enregistrement lors du payement, et rapportés avec la quittance aux administrateurs chargés de délivrer la patente.

5. Les droits de patente se divisent en droits *fixes* et en droits *proportionnels*. Les premiers sont ceux réglés par le tarif ; les seconds sont le dixième du loyer, ou des maisons d'habitation, ou des usines, ou des ateliers, ou des magasins, ou des boutiques, suivant la nature du commerce ou de l'industrie, justifiée par baux authentiques pour les locataires, et par l'extrait du rôle de la contribution foncière pour les propriétaires, ou d'après la simple déclaration du requérant patenté, sauf l'évaluation, s'il y a lieu, au défaut de baux et de cote particulière dans le rôle de la contribution pour les lieux destinés au commerce ou à l'exercice de l'industrie et profession du propriétaire de maison.

6. Les droits fixes et proportionnels doivent être payés par tous ceux qui sont dans les cinq premières classes du tarif, et dont le droit fixe est de quarante francs et au-dessus, quand leur état est

hors de classe. Il n'est dû que le droit fixe par ceux qui sont dans la sixième classe et au-dessous, ou dont l'état, quand il est hors des classes, ne donne lieu qu'à un droit fixe de trente francs et au-dessous.

19. Les quittances des receveurs sont échangées contre patentes, dans les dix jours de leur date.

20. Les patentes seront expédiées par l'administration municipale du canton ou de la commune. Elles seront signées par un des administrateurs et le secrétaire, et visées par le commissaire du Directoire exécutif; le sceau de l'administration y sera apposé.

21. Les quittances et patentes seront sur papier timbré, aux frais de ceux à qui elles seront délivrées, et dans la même forme qu'en l'an V et en l'an VI. Il ne pourra être perçu aucun autre droit que celui du timbre.

23. Ceux qui se croiront fondés à réclamer, soit contre l'insertion de leurs noms au tableau des redevables du droit de patente, soit sur le taux de la taxe, pourront, ou avant l'avertissement du receveur, ou dans les dix jours de cet avertissement, faire leur réclamation d'abord à l'administration centrale. Il y sera statué de la manière prescrite pour les réclamations en matière d'imposition, par l'instruction annexée à la loi du 22 brumaire an VI.

24. Nul ne sera obligé à prendre plus d'une patente, quelles que soient les diverses branches de commerce, profession ou industrie qu'il exerce ou veuille exercer.

Dans ce cas, la patente est due pour les commerce, profession ou industrie qui donnent lieu au plus fort droit.

26. Tout citoyen muni d'une patente pourra exercer son commerce, sa profession ou son industrie, dans toute l'étendue de la République, en payant au receveur de l'enregistrement de toutes les communes où il aura des établissements, le droit proportionnel pour les maisons d'habitation, usines, ateliers, magasins et boutiques qu'il occupera. La patente lui sera délivrée dans la commune de son domicile, sur la représentation des quittances des receveurs des communes où il aura des établissements, et il en sera fait mention dans la patente.

28. Si un citoyen patenté change son domicile pendant le courant de l'année, la patente prise lui servira dans la nouvelle commune qu'il habitera, en payant au *prorata* le droit proportionnel des maisons d'habitation, usines, ateliers, magasins et boutiques qu'il y prendra, et un supplément aussi au *prorata* du droit fixe, s'il est plus fort pour la même classe dans la nouvelle commune. S'il y avait changement de classe supérieure, le droit fixe serait payé au *pro-*

rata, conformément à l'art. 26 de la présente loi.

37. Nul ne pourra former de demande ni fournir aucune exception ou défense en justice, ni faire aucun acte ou signification par un acte extra-judiciaire, pour tout ce qui serait relatif à son commerce, sa profession ou son industrie, sans qu'il soit fait mention, en tête des actes, de la patente prise, avec désignation de la classe, de la date, du numéro, et de la commune où elle aura été délivrée, à peine d'une amende de cinq cents francs, tant contre les particuliers sujets à la patente que contre les fonctionnaires publics qui auraient fait ou reçu lesdits actes sans mention de la patente. La condamnation à cette amende sera poursuivie au tribunal du département, à la requête du commissaire du pouvoir exécutif près ce tribunal. Le rapport de la patente ne pourra suppléer au défaut de l'énonciation, ni dispenser de l'amende prononcée ci-dessus.

39. Ceux qui auront besoin de plusieurs expéditions de leur patente pour en justifier dans d'autres cantons que celui de leur domicile, pourront les requérir sans autres frais que ceux du papier timbré. Il en sera de même pour ceux qui auront perdu leur patente. — Chaque expédition sera notée par première, seconde, troisième, etc., et sera signée par le patenté, s'il sait signer; dans le cas contraire, il en sera fait men-

tion. — Pour empêcher l'abus des *duplicata*, il sera libre aux administrations de faire vérifier les causes qui donneront lieu à des demandes de *duplicata*, et d'en refuser s'il y a lieu.

———

(3 NOVEMBRE 1798.)

Extrait de la Loi sur le timbre.

TITRE 1.

De l'établissement et de la fixation des droits.

Art. 1er. La contribution du timbre est établie sur tous les papiers destinés aux actes civils et judiciaires, et aux écritures qui peuvent être produites en justice et y faire foi. — Il n'y a d'autres exceptions que celles *nommément* exprimées dans la présente.

2. Cette contribution est dé deux sortes : — La première est le droit du timbre imposé et tarifé en raison de la dimension du papier dont il est fait usage ; — la seconde est le droit du timbre créé pour les effets négociables ou de commerce, et gradué en raison des sommes à y exprimer, sans égard à la dimension du papier.

4. Il y aura des timbres particuliers pour les différentes sortes de papiers. — Les timbres pour le droit établi sur la dimension seront gravés pour être appliqués *en noir*. — Ceux pour le droit gradué en raison des sommes seront gravés pour être

frappés *à sec.*—Chaque timbre portera distinctement son prix, et aura pour légende les mots: *République française.*

5. Les timbres pour le droit établi sur la dimension porteront, en outre, le nom du département où ils seront employés. — Cette distinction particulière n'aura pas lieu pour les timbres relatifs aux effets de commerce.

6. L'empreinte à apposer sur les papiers que fournira la régie sera appliquée au haut de la partie gauche de la feuille (non déployée), de la demi-feuille et du papier pour effets de commerce.

7. Les citoyens qui voudront se servir de papiers autres que ceux de la régie, ou de parchemin, seront admis à les faire timbrer avant que d'en faire usage. — On emploiera pour ce service les timbres relatifs; mais l'empreinte sera appliquée au haut, du côté droit de la feuille.— Si les papiers ou le parchemin se trouvent être de dimensions différentes de celles des papiers de la régie, le timbre, quant au droit établi en raison de la dimension, sera payé au prix du format supérieur.

8. Le prix des papiers timbrés fournis par la régie, et les droits de timbre des papiers que les citoyens feront timbrer, sont fixés ainsi qu'il suit, savoir:

La feuille de *grand registre*, un franc cinquante

Maintenant fixé. à

centimes, ci. . . . . . . 1 f. 50 c.   2 »

Celle de *grand papier*, un franc,

ci. 1   »   1 50

Celle de *moyen papier*, soixante-

quinze centimes, ci. . . . » 75   1 25

Celle de *petit papier*, cinquante

centimes, ci. . . . . . » 50   » 75

Et la demi-feuille de ce *petit*

papier, vingt-cinq centi-

mes, ci. . . . . » 25   » 35

Il n'y aura point de droit de timbre supérieur à un franc cinquante centimes, ni inférieur à vingt-cinq centimes, quelle que soit la dimension du papier, soit au-dessus du *grand registre*, soit au-dessous de la demi-feuille du *petit papier*.

TITRE II.

De l'application des droits.

12. Sont assujettis au droit du timbre établi en raison de la dimension, tous les papiers à employer pour les actes et écritures, soit publics, soit privés ; savoir : — 1° Les actes de notaires, et les extraits, copies et expéditions qui en sont délivrés ;

Ceux des huissiers et les copies et expéditions

qu'ils en délivrent; — Les actes et les procès-verbaux des gardes et de tous autres employés ou
agents ayant droit de verbaliser, et les copies qui
en sont délivrées; — Les actes et jugements de
la justice de paix, des bureaux de paix et de conciliation, de la police ordinaire, des tribunaux et
des arbitres, et les extraits, copies et expéditions
qui en sont délivrés; — Les actes particuliers des
juges de paix et de leurs greffiers, ceux des autres juges et des commissaires du Directoire exécutif, et ceux reçus au greffe ou par les greffiers,
ainsi que les extraits, copies et expéditions qui
s'en délivrent; — Les actes des avoués ou défenseurs officieux près les tribunaux, et les copies
ou expéditions qui en sont faites ou signifiées; —
Les consultations, mémoires, observations et pré-
cis signés des hommes de loi et défenseurs officieux;

Les actes des autorités constituées administratives, qui sont assujettis à l'enregistrement, ou
qui se délivrent aux citoyens, et toutes les expéditions et extraits des actes, arrêtés et délibérations desdites autorités qui sont délivrés aux
citoyens; — Les pétitions et mémoires, même en
forme de lettres, présentés au Directoire exécutif, aux ministres, à toutes les autorités constituées, aux commissaires de la trésorerie nationale, à ceux de la comptabilité nationale, aux
directeurs de la liquidation générale et aux ad-

ministrations ou établissements publics; — Les actes entre particuliers sous signature privée, et le double des comptes de recette ou gestion particulière; — Et généralement tous actes et écritures, extraits, copies et expéditions, soit publics, soit privés, devant ou pouvant faire titre, ou être produits pour obligation, décharge, justification, demande ou défense;

2° Les registres de l'autorité judiciaire où s'écrivent des actes sujets à l'enregistrement sur les minutes, et les répertoires des greffiers; — Ceux des administrations centrales et municipales, tenus pour objets qui leur sont particuliers, n'ayant point de rapport à l'administration générale, et les répertoires de leurs secrétaires; — Ceux des notaires, huissiers et autres officiers publics et ministériels, et leurs répertoires; — Ceux des receveurs des droits et des revenus des communes et des établissements publics; — Ceux des fermiers des postes et messageries; — Ceux des compagnies et sociétés d'actionnaires; — Ceux des établissements particuliers et des maisons particulières d'éducation; — Ceux des agents d'affaires, directeurs, régisseurs, syndics de créanciers et entrepreneurs de travaux et fournitures; — Ceux des banquiers, négociants, armateurs, marchands, fabricants, commissionnaires, agents de change, courtiers, ouvriers et artisans; — Ceux des aubergistes, maîtres d'hôtels garnis et logeurs, sur lesquels ils doivent inscrire les noms des personnes qu'ils logent, et généralement tous livres, registres et minutes de lettres qui sont de nature à être produits en justice et dans le cas d'y faire foi, ainsi que les extraits, copies et expéditions qui sont délivrés desdits livres et registres.

13. Tout acte fait et passé en pays étranger, ou dans les îles et colonies françaises où le timbre n'aurait pas encore été établi, sera soumis au timbre avant qu'il puisse en être fait aucun usage en France, soit dans un acte public, soit dans une déclaration quelconque, soit devant une autorité judiciaire ou administrative.

14. Sont assujettis au droit de timbre, en raison des sommes et valeurs, les billets à ordre ou au porteur, les rescriptions, mandats, mandements, ordonnances et tous autres effets négociables ou de commerce, même les lettres de change tirées par seconde, troisième et *duplicata*, et ceux faits en France et payables chez l'étranger.

TITRE IV.

Des obligations respectives des Notaires, Huissiers, Greffiers, Secrétaires des administrations, Arbitres et Experts, des diverses Autorités publiques, des Préposés de la régie et des citoyens, et peines prononcées contre les contrevenants.

17. Les notaires, huissiers, secrétaires des administrations centrales et municipales, et autres

officiers et fonctionnaires publics, les arbitres et les avoués ou défenseurs officieux près des tribunaux, ne pourront employer pour les actes qu'ils rédigeront et leurs copies et expéditions, d'autre papier que celui timbré du département où ils exercent leurs fonctions.

18. La faculté accordée par l'article 7 de la présente aux citoyens qui voudront employer d'autre papier que celui fourni par la régie, en le faisant timbrer avant d'en faire usage, est interdite aux notaires, huissiers, greffiers, arbitres, avoués ou défenseurs officieux, et à tous autres officiers ou fonctionnaires publics; ils seront tenus de se servir du papier timbré débité par la régie.— Les administrations publiques seulement conserveront cette faculté.

Les notaires et autres officiers publics pourront néanmoins faire timbrer, à l'extraordinaire, du parchemin, lorsqu'ils seront dans le cas d'en employer.

19. Les notaires, greffiers, arbitres et secrétaires des administrations ne pourront employer, pour les expéditions qu'ils délivreront des actes retenus en minute, et de ceux déposés ou annexés, de papier timbré d'un format inférieur à celui appelé *moyen papier*, et dont le prix est fixé à soixante-quinze centimes la feuille par l'article 8 de la présente. Ce prix sera aussi celui du timbre du parchemin que l'on voudra employer

pour expédition, sans égard à la dimension , si toutefois elle est au-dessous de celle de ce papier. — Les huissiers et autres officiers publics ou ministériels ne pourront non plus employer de papier timbré d'une dimension inférieure à celle du moyen papier, pour les expéditions des procès-verbaux de ventes de mobilier.

20. Les papiers employés à des expéditions ne pourront contenir , compensation faite d'une feuille à l'autre, savoir : plus de vingt-cinq lignes par page de moyen papier ; plus de trente lignes par page de grand papier ; et plus de trente-cinq lignes par page de grand registre.

21. L'empreinte du timbre ne pourra être couverte d'écriture ni altérée.

22. Le papier timbré qui aura été employé à un acte quelconque, ne pourra plus servir pour un autre acte, quand même le premier n'aurait pas été achevé (¹).

23. Il ne pourra être fait ni expédié deux actes à la suite l'un de l'autre sur la même feuille de papier timbré, nonobstant tout usage ou règlement contraire. Sont exceptées les ratifications des actes passés en l'absence des parties, les quit-

(¹) On ne peut considérer comme ayant servi, un papier timbré sur lequel se trouvent des ratures et corrections : ainsi, il n'y a pas lieu à amende, parce qu'un exploit qui devait être signifié par un huissier dont il portait déjà l'immatricule, l'a été par un autre qui a effacé cette immatricule pour y mettre la sienne. Cass., 11 juillet 1815.

tances de prix de ventes et celles de remboursement de contrats de constitution ou obligation,
les inventaires, procès-verbaux et autres actes qui
ne peuvent être consommés dans un même jour
et dans la même vacation, les procès-verbaux de
reconnaissance et levée de scellés qu'on pourra
faire à la suite du procès-verbal d'apposition, et
les significations des huissiers, qui peuvent également être écrites à la suite des jugements et autres pièces dont il est délivré copie. Il pourra aussi
être donné plusieurs quittances sur une même
feuille de papier timbré, pour à-compte d'une
seule et même créance, ou d'un seul terme de
fermage ou loyer. Toutes autres quittances qui seront données sur une même feuille de papier timbré n'auront pas plus d'effet que si elles étaient
sur papier non timbré.

24. Il est fait défenses aux notaires, huissiers,
greffiers, arbitres et experts, d'agir, aux juges de
prononcer aucun jugement, et aux administrations publiques de rendre aucun arrêté, sur un
acte, registre ou effet de commerce, non écrit sur
papier timbré du timbre prescrit, ou non visé
pour timbre. Aucun juge ou officier public ne
pourra non plus coter ou parapher un registre
assujetti au timbre, si les feuilles n'en sont timbrées.

25. Il est également fait défenses à tout receveur de l'enregistrement, 1° d'enregistrer aucun

acte qui ne serait pas sur papier timbré du timbre prescrit, ou qui n'aurait pas été visé pour timbre; 2° d'admettre à la formalité de l'enregistrement des protêts d'effets négociables, sans se faire représenter ces effets en bonne forme; 3° de délivrer de patente aux citoyens dont les registres doivent être tenus en papier timbré, si ces registres ne leur sont préalablement représentés aussi en bonne forme. Les citoyens seront, en conséquence, tenus d'en justifier.

26. Il est prononcé, par la présente, une amende ([1]), savoir : 1° de 15 francs, pour contravention, par les particuliers, aux dispositions de l'art. 21 ci-dessus; 2° de 25 francs, pour contravention aux articles 20 et 21, par les officiers et fonctionnaires publics; 3° de 30 francs, pour chaque acte ou écrit sous signature privée, fait sur papier non timbré, ou en contravention aux articles 22 et 23; 4° de 50 francs, pour contravention à l'art. 19, de la part des officiers et fonctionnaires publics y dénommés; et à l'art. 25, de la part des préposés de l'enregistrement; 5° de 100 francs, pour chaque acte public ou expédition écrite sur papier non timbré, et pour contravention aux articles 17, 18, 22, 23 et 24 de la présente loi, par les officiers et fonctionnaires publics; 6° et du vingtième de la somme expri-

([1]) La loi du 16 juin 1824, ci-après à sa date, a réduit ces amendes.

mée dans un effet négociable, s'il est écrit sur papier non timbré, ou sur un papier timbré d'un timbre inférieur à celui qui aurait dû être employé, aux termes de la présente, et pour contravention aux articles 22 et 23. L'amende sera de 30 francs, dans les mêmes cas, pour les effets au-dessous de 600 francs. Les contrevenants, dans tous les cas ci-dessus, payeront en outre les droits de timbre (¹).

27. Aucune personne ne pourra vendre ou distribuer du papier timbré qu'en vertu d'une commission de la régie, à peine d'une amende de 100 francs pour la première fois, et de 300 francs en cas de récidive. Le papier qui sera saisi chez ceux qui s'en permettront ainsi le commerce, sera confisqué au profit de la République.

28. La peine contre ceux qui abuseraient des timbres pour timbrer et vendre frauduleusement du papier timbré, sera la même que celle qui est prononcée par le Code pénal contre les contrefacteurs de timbres.

29. Le timbre des quittances fournies à la République, ou délivrées en son nom, est à la

---

(¹) Toutes contraventions au droit de timbre légalement constatées, sans que les agents de la régie aient employé, pour les découvrir, des moyens insidieux ou désavoués par la loi, donnent lieu à des poursuites. — Il n'est pas nécessaire que les pièces qui en sont l'objet aient été produites en justice, ou présentées à l'enregistrement, ou communiquées par des officiers ministériels. Cass., 16 mai 1815.

charge des particuliers qui les donnent ou les reçoivent; il en est de même pour les autres actes entre la République et les citoyens.

30. Les écritures privées qui auraient été faites sur papier non timbré, sans contravention aux lois du timbre, quoique non comprises nommément dans les exceptions, ne pourront être produites en justice sans avoir été soumises au timbre extraordinaire ou au *visa pour timbre,* à peine d'une amende de 30 francs, outre le droit de timbre.

31. Les préposés de la régie sont autorisés à retenir les actes, registres ou effets en contravention à la loi du timbre, qui leur seront présentés, pour les joindre aux procès-verbaux qu'ils en rapporteront, à moins que les contrevenants ne consentent à signer lesdits procès-verbaux, ou à acquitter sur-le-champ l'amende encourue et le droit sur le timbre.

32. En cas de refus de la part des contrevenants, de satisfaire aux dispositions de l'article précédent, les préposés de la régie leur feront signifier, dans les trois jours, les procès-verbaux qu'ils auront rapportés, avec assignation devant le tribunal civil du département. — L'instruction se fera ensuite sur simples mémoires respectivement signifiés. — Les jugements définitifs qui interviendront seront sans appel.

(4 OCTOBRE 1797.)

**Loi relative au droit de timbre fixe ou de dimension
pour les journaux et affiches.**

Le droit de timbre fixe ou de dimension pour les journaux ou affiches, sera de cinq centimes (ou un sou) pour chaque feuille de vingt-cinq décimètres carrés de superficie (ou 341 pouces carrés), et de trois centimes (sept deniers un cinquième) pour chaque demi-feuille de même espèce. — Ceux qui voudraient user, pour lesdites impressions, de papier dont la superficie serait plus grande que vingt-cinq décimètres carrés pour la feuille entière, et douze décimètres et demi carrés pour la demi-feuille, payeront un centime en sus du droit fixe, pour chaque cinq décimètres carrés (ou soixante-huit pouces carrés) d'excédant. — En conséquence, l'art. 58 de la loi du 9 de ce mois est abrogé.

Le papier sera fourni, dans tous les cas, par les citoyens auxquels il sera nécessaire.

———

(12 DÉCEMBRE 1798.)

Extrait de la loi sur l'enregistrement.

TITRE I.

De l'enregistrement, des droits et de leur application.

Art. 1er. Les droits d'enregistrement seront perçus d'après les bases et suivant les règles déterminées par la présente.

2. Les droits d'enregistrement sont *fixes* ou *proportionnels*, suivant la nature des actes et mutations qui y sont assujettis.

3. Le droit fixe s'applique aux actes soit civils, soit judiciaires ou extra-judiciaires qui ne contiennent ni obligation, ni libération, ni condamnation, collocation ou liquidation, de sommes et valeurs, ni transmission de propriété, d'usufruit ou de jouissance de biens meubles ou immeubles. — Il est perçu aux taux réglés par l'art. 68 de la présente.

4. Le droit proportionnel est établi pour les obligations, libérations, condamnations, collocations ou liquidations des sommes et valeurs, et pour toute transmission de propriété, d'usufruit ou de jouissance de biens meubles et immeubles, soit entre-vifs, soit par décès. Ses qualités sont fixées par l'article 69 ci-après. Il est assis sur les valeurs.

5. Il n'y a point de fraction de centime dans la liquidation du droit proportionnel. Lorsqu'une fraction de somme ne produit pas un centime de droit, le centime est perçu au profit de la République.

6. Cependant le moindre droit à percevoir sur un acte donnant lieu au droit proportionnel, et sur une mutation de biens par décès, sera du montant de la qualité sous laquelle chaque acte ou mutation se trouve classé dans les articles 68 et 69, sauf les exceptions y mentionnées.

7. Les actes civils et extra-judiciaires sont enregistrés sur les minutes, brevets ou originaux.

Les actes judiciaires reçoivent cette formalité, soit sur les minutes, soit sur les expéditions, suivant les distinctions ci-après : ceux qui doivent être enregistrés sur les minutes, sont les procès-verbaux d'apposition, de reconnaissance et de levée de scellés, et ceux de nomination de tuteurs et curateurs ; les avis de parents, les émancipations, les actes de notoriété, les déclarations en matière civile, les adoptions ; tous les actes contenant autorisation, acceptation, abstention, renonciation ou répudiation ; les nominations d'experts et arbitres, les oppositions à levée de scellés par comparution personnelle, les cautionnements de personnes à représenter à justice, ceux des sommes déterminées ou non déterminées, les ordonnances et mandements d'assigner les opposants à scellés, tous procès-verbaux généralement quelconques des bureaux de paix, portant conciliation ou non-conciliation, défaut ou congé, remise ou ajournement ; tous actes d'acquiescement, de dépôt et consignation, d'exclusion de tribunaux, d'affirmation de voyage, d'enchère et surenchère, de reprise d'instance, de communication de pièces avec ou sans déplacement, d'affirmation ou vérification de créances, d'opposition à délivrance de titres ou jugements, de procès-verbaux et rapports, de dépôt de bilan et de décharges ; les certificats de toute nature et ordonnances sur requêtes ; les jugements portant transmission d'immeubles, et ceux par lesquels il est prononcé des condamnations sur des conventions sujettes à l'enregistrement, sans énonciation des titres enregistrés. Tous autres actes et jugements soit préparatoires ou d'instruction, soit définitifs, ne sont soumis à l'enregistrement que sur les expéditions. Ceux des actes de l'état civil qui sont assujettis à l'enregistrement par la présente, ne seront également enregistrés que sur les expéditions (¹).

Les jugements de la police ordinaire, des tribunaux de police correctionnelle et des tribunaux criminels, ne sont de même soumis à l'enregistrement que sur les expéditions, lorsqu'il y a partie civile, et seulement pour les expéditions requises par elles ou autres intéressés.

8. Il n'est dû aucun droit d'enregistrement pour les extraits, copies ou expéditions des actes qui doivent être enregistrés sur les minutes ou originaux.

Quant à ceux des actes judiciaires qui ne sont assujettis à l'enregistrement que sur les expéditions, chaque expédition doit être enregistrée, savoir : la première, pour le droit proportionnel, s'il y a lieu, ou pour le droit fixe, si le jugement n'est pas pas-

(¹) Les jugements d'adjudication des récoltes sur pied ne doivent pas être enregistrés sur la minute, dans les vingt jours de leur date, à peine de double droit. Cass., 8 février 1813.

sible du droit proportionnel; et chacune des autres pour le droit fixe.

TITRE III.

Des délais pour l'enregistrement des actes et déclarations.

20. Les délais pour faire enregistrer les actes publics sont, savoir : — de quatre jours, pour ceux des huissiers et autres ayant pouvoir de faire des exploits et procès-verbaux ([1]); — De dix jours pour les actes des notaires qui résident dans la commune où le bureau d'enregistrement est établi ([2]); — de quinze jours pour ceux des notaires qui n'y résident pas; — de vingt jours pour les actes judiciaires soumis à l'enregistrement sur les minutes, et pour ceux dont il ne reste pas de minute au greffe, ou qui se délivrent en brevet; — de vingt jours pour les actes des administrations centrales et municipales, assujettis à la formalité de l'enregistrement.

TITRE IV.

Des bureaux où les actes et mutations doivent être enregistrés.

26. Les notaires ne pourront faire enregistrer leurs actes qu'aux bureaux dans l'arrondissement

[1] Est nul l'exploit qui, daté du 9, n'a été enregistré que le 14. Cass., 23 floréal an **XI**.

[2] Un notaire n'est pas tenu d'inscrire sur son répertoire et de faire enregistrer l'acte qu'il a reçu et écrit, qui est signé des parties et des témoins, mais qu'il n'a pas lui-même signé. Cass., 2 novembre 1807.

desquels ils résident. Les huissiers et tous autres ayant pouvoir de faire des exploits, procès-verbaux ou rapports, feront enregistrer leurs actes, soit au bureau de leur résidence, soit au bureau du lieu où ils les auront faits. — Les greffiers et les secrétaires des administrations centrales et municipales feront enregistrer les actes qu'ils sont tenus de soumettre à cette formalité aux bureaux dans l'arrondissement desquels ils exercent leurs fonctions. — Les actes sous signature privée et ceux passés en pays étranger pourront être enregistrés dans tous les bureaux indistinctement.

27. Les mutations de propriété ou d'usufruit par décès seront enregistrées au bureau de la situation des biens. — Les héritiers, donataires ou légataires, leurs tuteurs ou curateurs, seront tenus d'en passer déclaration détaillée et de la signer sur le registre. S'il s'agit d'une mutation, au même titre, de biens meubles, la déclaration en sera faite au bureau dans l'arrondissement duquel ils se sont trouvés au décès de l'auteur de la succession. — Les rentes et les autres biens meubles, sans assiette déterminée lors du décès, seront déclarés au bureau du domicile du décédé. — Les héritiers, légataires ou donataires rapporteront, à l'appui de leurs déclarations de biens-meubles, un inventaire ou état estimatif, article par article, par eux certifié, s'il n'a pas été fait par un officier public; cet inventaire sera déposé et annexé à la déclaration,

qui sera reçue et signée sur le registre du receveur de l'enregistrement.

TITRE V.

Du payement des droits, et de ceux qui doivent les acquitter.

28. Les droits des actes et ceux des mutations par décès seront payés avant l'enregistrement aux taux et quotités réglés par la présente. — Nul ne pourra en atténuer ni différer le payement sous le prétexte de contestation sur la quotité ni pour quelque autre motif que ce soit, sauf à se pourvoir en restitution, s'il y a lieu (').

29. Les droits des actes à enregistrer seront acquittés, savoir : — par les notaires, *pour les actes passés devant eux;* — Par les huissiers et autres ayant le pouvoir de faire des exploits et procès-verbaux, *pour ceux de leur ministère;*

Par les greffiers, *pour les actes et jugements (sauf le cas prévu par l'art. 37 ci-après) qui doivent être enregistrés sur les minutes, aux termes de l'art. 7 de la présente, et ceux passés et reçus aux greffes, et pour les extraits, copies et expéditions qu'ils délivrent des jugements qui ne sont pas soumis à l'enregistrement sur les minutes;*

Par les secrétaires des administrations cen-

(') Il ne suffit pas, pour éviter le double droit, d'avoir déposé avant l'expiration du délai de l'enregistrement, un acte sous seing privé entre les mains du receveur, il faut encore lui avoir remis e montant des droits. Cass., 21 floréal an **VIII**.

trales et municipales, *pour les actes de ces administrations qui sont soumis à la formalité de l'enregistrement, sauf aussi le cas prévu par l'art.* 37;

Par les parties, *pour les actes sous signature privée, et ceux passés en pays étranger, qu'elles auront à faire enregistrer ; pour les ordonnances sur requêtes ou mémoires, et les certificats qui leur sont immédiatement délivrés par les juges ; et pour les actes et décisions qu'elles obtiennent des arbitres, si ceux-ci ne les ont pas fait enregistrer* (¹) ;

Et par les héritiers, légataires et donataires, leurs tuteurs et curateurs, et les exécuteurs testamentaires, *pour les testaments et autres actes de libéralité à cause de mort.*

30. Les officiers publics qui, aux termes des dispositions précédentes, auraient fait pour les parties l'avance des droits d'enregistrement, pourront prendre exécutoire du juge de paix de leur canton, pour leur remboursement. — L'opposition qui serait formée contre cet exécutoire, ainsi que toutes les contestations qui s'élèveraient à cet égard, seront jugées conformément aux dispositions portées par l'art. 65 de la présente, re-

---

(¹) Quoique un acte de vente sous seing privé soit présenté à l'enregistrement par le vendeur, la régie peut poursuivre contre l'acquéreur le payement du droit de mutation. Cass., 10 avril 1816 et 2 janvier 1822.

A l'égard des autres actes sous seing privé, ce n'est que contre la partie qui les présente à l'enregistrement que le receveur peut poursuivre le payement du droit qu'ils entraînent. Cass., 15 nivôse an **XI.**

latif aux instances poursuivies au nom de la nation.

TITRE VI.

Des peines, par défaut d'enregistrement des actes et déclarations dans les délais, et de celles portées relativement aux omissions, aux fausses estimations et aux contre-lettres.

33. Les notaires qui n'auront pas fait enregistrer leurs actes dans les délais prescrits, payeront personnellement, à titre d'amende et pour chaque contravention, une somme de cinquante francs, s'il s'agit d'un acte sujet au droit proportionnel, sans que, dans ce dernier cas, la peine puisse être au-dessous de cinquante francs.

Ils seront tenus, en outre, du payement des droits, sauf leur recours contre les parties pour ces droits seulement.

34. La peine contre un huissier ou autre ayant pouvoir de faire des exploits ou procès-verbaux, est, pour un exploit ou procès-verbal non présenté à l'enregistrement dans le délai, d'une somme de vingt-cinq francs, et de plus, une somme équivalente au montant du droit de l'acte non enregistré. L'exploit ou procès-verbal, non enregistré dans le délai, est déclaré nul, et le contrevenant responsable de cette nullité envers la partie. — Ces dispositions, relativement aux exploits et procès-verbaux, ne s'étendent pas aux procès-verbaux de ventes de meubles et autres objets mobiliers, ni à tout autre acte du minis-

tère des huissiers sujet au droit proportionnel. La peine, pour ceux-ci, sera d'une somme égale au montant du droit, sans qu'elle puisse être au-dessous de cinquante francs. Le contrevenant payera, en outre, le droit dû pour l'acte, sauf son recours contre la partie pour ce droit seulement.

35. Les greffiers qui auront négligé de soumettre à l'enregistrement, dans le délai fixé, les actes qu'ils sont tenus de présenter à cette formalité, payeront personnellement, à titre d'amende, et pour chaque contravention, une somme égale au montant du droit. — Ils acquitteront en même temps le droit, sauf leur recours, pour ce droit seulement, contre la partie.

TITRE VII.

Des obligations des Notaires, Huissiers, Greffiers, Secrétaires, Juges, Arbitres, Administrateurs et autres Officiers ou Fonctionnaires publics, des Parties et des Receveurs, indépendamment de celles imposées sous les titres précédents.

44. Les notaires, huissiers, greffiers et les secrétaires des administrations centrales et municipales, ne pourront délivrer en brevet, copie ou expédition, aucun acte soumis à l'enregistrement sur la minute ou l'original, ni faire aucun autre acte en conséquence, avant qu'il ait été enregistré, quand même le délai pour l'enregistrement ne serait pas encore expiré, à peine de cin-

quante francs d'amende, outre le payement du droit (^{1}).

Sont exceptés, les exploits et autres actes de cette nature qui se signifient à parties ou par affiches et proclamations, et les effets négociables compris sous l'art. 49, § 2, nombre 6 de la présente. — A l'égard des jugements qui ne sont assujettis à l'enregistrement que sur les expéditions, il est défendu aux greffiers, sous les mêmes peines, d'en délivrer aucune, même par simple note ou extrait, aux parties ou autres intéressés, sans l'avoir fait enregistrer.

42. Aucun notaire, huissier, greffier, secrétaire ou autre officier public, ne pourra faire ou rédiger un acte en vertu d'un acte sous signature privée, ou passé en pays étranger, l'annexer à ses minutes, ni le recevoir en dépôt, ni en délivrer

(^{1}) La ratification d'un acte de vente ne peut être reçue par un notaire avant l'enregistrement de la vente. Cass., 12 décembre 1808. — Il n'en est pas de même d'une déclaration de command. Cass., 23 janvier 1809.

Est sujet à l'amende l'huissier qui relate, dans un de ses exploits, une ordonnance rendue par un officier public et non enregistrée ; mais l'exploit n'est pas nul. Paris, 6 floréal an **X**. — L'amende est due alors même que l'acte relaté est sans aucune importance. Cass., 30 janvier 1814.

Un greffier est passible d'amende s'il dresse un procès-verbal par suite d'un acte non enregistré et ne dépendant pas de ses attributions, par exemple, de notoriété par un maire. Cass., 20 octobre 1813. — A plus forte raison, si l'acte relaté dépend de ses attributions, par exemple, s'il procède à une levée de scellés à la réquisition d'un tuteur avant d'avoir fait enregistrer l'acte de nomination de ce tuteur. Cass., 11 novembre 1811.

extrait, copie ou expédition, s'il n'a été préalablement enregistré, à peine de cinquante francs
d'amende, et de répondre personnellement du
droit, sauf l'exception mentionnée dans l'article
précédent(¹).

43. Il est également défendu, sous la même
peine de cinquante francs d'amende, à tout notaire ou greffier, de recevoir aucun acte en dépôt, sans dresser acte du dépôt. — Sont exceptés, les testaments déposés chez les notaires par
les testateurs.

44. Il sera fait mention, dans toutes les expéditions des actes publics, civils ou judiciaires,
qui doivent être enregistrés sur les minutes, de la
quittance des droits, par une transcription littérale et entière de cette quittance. — Pareille
mention sera faite dans les minutes des actes publics, civils, judiciaires ou extra-judiciaires, qui
se feront en vertu d'actes sous signature privée,
ou passés en pays étranger, et qui sont soumis à
l'enregistrement par la présente. — Chaque contravention sera punie d'une amende de dix
francs.

45. Les greffiers qui délivreront des secondes
et subséquentes expéditions des actes et juge-

____

(¹) Cet article ne s'applique pas aux inventaires et actes de partage : les notaires peuvent y relater, sans encourir l'amende, des
titres de créance sous seing privé non enregistrés. Cass., 24 août
1818.

ments assujettis au droit proportionnel, mais qui ne sont pas dans le cas d'être enregistrés sur les minutes, seront tenus de faire mention, dans chacune de ces expéditions, de la quittance du droit payé pour la première expédition, par une transcription littérale de cette quittance. — Ils feront également mention, sur la minute de chaque expédition délivrée, de la date de l'enregistrement et du droit payé. — Toute contravention à ces dispositions sera punie par une amende de dix francs.

46. Dans le cas de fausse mention d'enregistrement, soit dans une minute, soit dans une expédition, le délinquant sera poursuivi par la partie publique, sur la dénonciation du préposé de la régie, et condamné aux peines prononcées pour le faux.

47. Il est défendu aux juges et arbitres de rendre aucun jugement, et aux administrations centrales et municipales de prendre aucun arrêté en faveur de particuliers, sur des actes non enregistrés, à peine d'être personnellement responsables des droits.

48. Toutes les fois qu'une condamnation sera rendue ou qu'un arrêté sera pris sur un acte enregistré, le jugement, la sentence arbitrale ou l'arrêté en fera mention, et énoncera le montant du droit payé, la date du payement et le nom du bureau où il aura été acquitté : en cas d'o-

mission, le receveur exigera le droit, si l'acte n'a pas été enregistré dans son bureau, sauf la restitution dans le délai prescrit, s'il est ensuite justifié de l'enregistrement de l'acte sur lequel le jugement aura été prononcé ou l'arrêté pris.

49. Les notaires, huissiers, greffiers, et les secrétaires des administrations centrales et municipales, tiendront des répertoires à colonnes, sur lesquels ils inscriront, jour par jour, sans blanc ni interligne, et par ordre de numéros, savoir([1]):

1° Les notaires, tous les actes et contrats qu'ils recevront, même ceux qui seront passés en brevet, à peine de dix francs d'amende pour chaque omission([2]); — 2° Les huissiers, tous les actes et exploits de leur ministère, sous peine d'une amende de cinq francs pour chaque omission; — 3° Les greffiers, tous les actes et jugements qui, aux termes de la présente, doivent être enregistrés sur les minutes, à peine d'une amende de dix francs pour chaque omission; — 4° Et les secrétaires, tous les actes des administrations qui doivent aussi être enregistrés sur les minutes, à peine d'une amende de dix francs pour chaque omission.

([1]) C'est le jour même de la date de leur signification que les huissiers doivent, à peine d'amende, inscrire leurs actes sur leur répertoire. Cass., 4 décembre 1816.

(2) Les notaires doivent inscrire sur leur répertoire, avant la mort des testateurs, les testaments qu'ils ont reçus. Cass., 19 décembre 1808.

50. Chaque article du répertoire contiendra :
1° son numéro; 2° la date de l'acte; 3° sa nature;
4° les noms et prénoms des parties et leur domicile; 5° l'indication des biens, leur situation et le
prix, lorsqu'il s'agira d'actes qui auront pour objet la propriété, l'usufruit ou la jouissance de
biens-fonds; 6° la relation de l'enregistrement.

51. Les notaires, huissiers, greffiers et les secrétaires des administrations centrales et municipales présenteront, tous les trois mois, leurs
répertoires aux receveurs de l'enregistrement de
leur résidence, qui les viseront, et qui énonceront, dans leur visa, le nombre des actes inscrits.
Cette présentation aura lieu, chaque année, dans
la première décade de chacun des mois de nivôse, germinal, messidor et vendémiaire, à peine
d'une amende de dix francs pour chaque décade
de retard (¹).

52. Indépendamment de la représentation
ordonnée par l'article précédent, les notaires,
huissiers, greffiers et secrétaires, seront tenus de
communiquer leurs répertoires, à toute réquisi-

(¹) Les huissiers sont passibles de l'amende pour un simple retard d'un ou deux jours dans la représentation de leur répertoire
à l'enregistrement. Cass., 31 janvier 1809.

Le notaire qui, pour le dépôt du double de son répertoire au
greffe, ordonné par l'art. 16, tit. III de la loi du 6 octobre 1791,
est en retard seulement d'un ou deux jours, est passible de la peine
de cent francs d'amende prononcée pour un mois de retard. Cass.,
6 juin 1809.

tion, aux préposés de l'enregistrement qui se présenteront chez eux pour les vérifier, à peine d'une amende de cinquante francs en cas de refus.

Le préposé, dans ce cas, requerra l'assistance d'un officier municipal, ou de l'agent, ou de l'adjoint de la commune du lieu, pour dresser, en sa présence, procès-verbal du refus qui lui aura été fait.

53. Les répertoires seront cotés et paraphés; savoir : ceux des notaires, huissiers et greffiers de la justice de paix, par le juge de paix de leur domicile; ceux des greffiers des tribunaux, par le président; et ceux des secrétaires des administrations, par le président de l'administration.

54. Les dépositaires des registres de l'État civil, ceux des rôles des contributions, et tous autres chargés des archives et dépôts des titres publics, seront tenus de les communiquer sans déplacer, aux préposés de l'enregistrement, à toute réquisition, et de leur laisser prendre, sans frais, les renseignements, extraits et copies qui leur seront nécessaires pour les intérêts de la République, à peine de cinquante francs d'amende pour refus constaté par procès-verbal du préposé, qui se fera accompagner, ainsi qu'il est prescrit par l'art. 52 ci-dessus, chez les détenteurs et dépositaires qui auront fait refus. Ces dispositions s'appliquent aussi aux notaires, huissiers,

greffiers et secrétaires d'administrations centrales et municipales, pour les actes dont ils sont
dépositaires.

Sont exceptés, les testaments et autres actes de
libéralité à cause de mort, du vivant des testateurs. Les communications ci-dessus ne pourront être rédigées les jours de repos ; et les séances, dans chaque autre jour, ne pourront durer
plus de quatre heures, de la part des préposés,
dans les dépôts où ils feront leurs recherches.

55. Les notices des actes de décès, qui, aux termes de l'art. 5 de la loi du 13 fructidor an VI, relative à la célébration des décadis, doivent être
remises, pour chaque décade, au chef-lieu du
canton, par les officiers publics ou les agents de
communes faisant fonctions d'officiers publics,
seront transcrites sur un registre particulier tenu
par les secrétaires des administrations municipales.—Ces secrétaires fourniront, par quartier,
aux receveurs de l'enregistrement de l'arrondissement, les relevés par eux certifiés desdits actes
de décès. Ils seront délivrés sur papier non timbré, et remis dans les mois de nivôse, germinal,
messidor et vendémiaire, à peine d'une amende
de 30 francs pour chaqué mois de retard. Ils en
retireront récépissé, aussi sur papier non timbré.

56. Les receveurs de l'enregistrement ne pourront, sous aucun prétexte, lors même qu'il y aurait lieu à l'expertise, différer l'enregistrement

des actes et mutations dont les droits auront été payés aux taux réglés par la présente. — Ils ne pourront non plus suspendre ou arrêter le cours des procédures en retenant des actes ou des exploits; cependant, si un acte dont il n'y a pas de minute, ou un exploit, contient des renseignements dont la trace puisse être utile pour la découverte des droits dus, le receveur aura la faculté d'en tirer copie, et de la faire certifier conforme à l'original par l'officier qui l'aura présenté. En cas de refus, il pourra réserver l'acte pendant vingt-quatre heures seulement, pour s'en procurer une collation en forme, à ses frais, sauf répétition s'il y a lieu. Cette disposition est applicable aux actes sous signature privée qui seront présentés à l'enregistrement.

37. La quittance de l'enregistrement sera mise sur l'acte enregistré, ou sur l'extrait de la déclaration du nouveau possesseur.—Le receveur y exprimera en toutes lettres la date de l'enregistrement, le folio du registre, le numéro et la somme des droits perçus. Lorsque l'acte renfermera plusieurs dispositions opérant chacune un droit particulier, le receveur les indiquera sommairement dans sa quittance, et y énoncera distinctement la quotité de chaque droit perçu, à peine d'une amende de 10 francs pour chaque omission.

58. Les receveurs de l'enregistrement ne pour-

ront délivrer d'extraits de leurs registres que sur une ordonnance du juge de paix, lorsque ces extraits ne seront pas demandés par quelqu'une des parties contractantes, ou leurs ayants cause.

Il leur sera payé un franc pour recherche de chaque année indiquée et 50 centimes par chaque extrait, outre le papier timbré : ils ne pourront rien exiger au delà.

59. Aucune autorité publique, ni la régie, ni ses préposés ne peuvent accorder de remise ou modération des droits établis par la présente et des peines encourues, ni en suspendre ou faire suspendre le recouvrement, sans en devenir personnellement responsables.

TITRE VIII.

Des droits acquis et des prescriptions.

60. Tout droit d'enregistrement perçu régulièrement en conformité de la présente, ne pourra être restitué, quels que soient les événements ultérieurs, sauf les cas prévus par la présente.

61. Il y a prescription pour la demande ; savoir :

1° Après deux années, à compter du jour de l'enregistrement, s'il s'agit d'un droit non perçu sur une disposition particulière dans un acte, ou d'un supplément de perception insuffisamment faite, ou d'une fausse évaluation dans une déclaration, et pour la constater par voie d'expertise.

Les parties seront également non recevables, après le même délai, pour toute demande en restitution des droits perçus.

2° Après trois années, aussi à compter du jour de l'enregistrement, s'il s'agit d'une omission de biens dans une déclaration faite après décès.

3° Après cinq années, à compter du jour du décès, pour les successions non déclarées.

Les prescriptions ci-dessus seront suspendues par des demandes signifiées et enregistrées avant l'expiration des délais ; mais elles seront acquises irrévocablement, si les poursuites commencées sont interrompues pendant une année sans qu'il y ait d'instance devant les juges compétents, quand même le premier délai pour la prescription ne serait pas expiré.

62. La date des actes sous signature privée ne pourra cependant être opposée à la République pour prescription des droits et peines encourues, à moins que ces actes n'aient acquis une date certaine par le décès de l'une des parties, ou autrement.

§ 2 DU TITRE X. — Actes sujets à un droit fixe de 2 francs.

1° Les inventaires de meubles, objets mobiliers, titres et papiers.

Il est dû un droit pour chaque vacation.

2° Les clôtures d'inventaires.

3° Les procès-verbaux d'opposition, de reconnaissance et de levée de scellés.

Il est dû un droit pour chaque vacation.

§ 5. Des droits proportionnels. — Deux francs pour cent.

Les adjudications, ventes, reventes, cessions, rétrocessions, marchés, traités, et tous autres actes, soit civils, soit judiciaires, translatifs de propriété, à titre onéreux, de meubles, récoltes de l'année sur pied, coupes de bois taillis et de hautes futaies, et autres objets mobiliers généralement quelconques, même les ventes de biens de cette nature faites par la nation ([1]).

Les adjudications à la folle enchère de biens-meubles sont assujetties au même droit, mais seulement sur ce qui excède le prix de la précédente adjudication, si le droit en a été acquitté.

([1]) Des outils, des objets mécaniques, des instruments servant à l'exploitation d'une fabrique, perdent leur caractère d'immeubles par destination, lorsqu'ils sont détachés et vendus séparément de la fabrique, et cette vente, lorsqu'elle n'est pas démontrée frauduleuse, ne donne ouverture qu'au droit proportionnel relatif à la mutation des objets mobiliers. Cass., 19 novembre 1823.

Il en serait autrement si les objets vendus formaient partie intégrante et constitutive d'un immeuble, comme les montants, tournants, virants, travaillants, etc., d'un moulin, qui sont réputés immeubles par nature. La vente séparée qui en serait faite ne les mobiliserait pas, à moins cependant qu'elle n'eût pour but et pour condition expresse de les détacher immédiatement. Cass., 25 février 1824.

Il est dû un droit de deux francs par cent francs sur les ventes de navires. *Instr. de la Régie* du 4 fructidor an **XIII**.

(10 février 1799.)

Loi qui prescrit des formalités pour les ventes d'objets mobiliers.

ART. 1er. A compter du jour de la publication de la présente, les meubles, effets, marchandises, bois, fruits, récoltes et tous autres objets mobiliers, ne pourront être vendus publiquement et par enchères qu'en présence et par le ministère d'officiers publics ayant qualité pour y procéder (1).

2. Aucun officier public ne pourra procéder à une vente publique, et par enchères, d'objets mobiliers, qu'il n'en ait préalablement fait la déclaration au bureau de l'enregistrement dans l'arrondissement duquel la vente aura lieu.

3. La déclaration sera inscrite sur un registre qui sera tenu à cet effet, et elle sera datée. Elle contiendra les noms, qualités et domicile de l'officier, ceux du requérant, ceux de la personne dont le mobilier sera mis en vente, et l'indication de l'endroit où se fera la vente et du jour de son ouverture. Elle sera signée par l'officier public, et il

(1) En exigeant le ministère d'un officier public, dit Lonchampt (*Dict. des Just. de paix*), le vœu de la loi a été de supprimer les encans ouverts par la mauvaise foi, où les objets volés trouvent un recélé facile, où le public est indignement trompé par des enchères simulées : elle a aussi voulu assurer au fisc la perception des droits établis, déjouer les coalitions des marchands courant les ventes, garantir la solvabilité de ceux qui reçoivent en dépôt le prix de ces ventes.

lui en sera fourni une copie, sans autres frais que le prix du papier timbré sur lequel cette copie sera délivrée ([1]).

Elle ne pourra servir que pour le mobilier de celui qui y sera dénommé.

4. Le registre sera en papier non timbré. Il sera coté et paraphé, sans frais, par le juge de paix dans l'arrondissement duquel sera le bureau d'enregistrement.

5. Les officiers publics transcriront en tête de leurs procès-verbaux de vente, les copies de leurs déclarations. — Chaque objet adjugé sera porté de suite au procès-verbal ; le prix y sera écrit en toutes lettres, et tiré hors ligne en chiffres. — Chaque séance sera close et signée par l'officier public et deux témoins domiciliés. — Lorsqu'une vente aura lieu par suite d'inventaire, il en sera fait mention au procès-verbal, avec indication de la date de l'inventaire, du nom du notaire qui y aura procédé, et de la quittance de l'enregistrement.

6. Les procès-verbaux de vente ne pourront être enregistrés qu'aux bureaux où les déclarations auront été faites.

Le droit d'enregistrement sera perçu sur le montant des sommes que contiendra cumulativement le procès-verbal des séances à enregistrer

______

([1]) Cette déclaration ne peut être faite par lettre missive. Cass., 24 novembre 1806.

dans le délai prescrit par la loi sur l'enregistrement (¹).

7. Les contraventions aux dispositions ci-dessus seront punies par les amendes ci-après, savoir :

De cent francs, contre tout officier public qui aurait procédé à une vente sans en avoir fait la déclaration;

De vingt-cinq francs, par défaut de transcription en tête du procès-verbal, de la déclaration faite au bureau d'enregistrement;

De cent francs, pour chaque article adjugé et non porté au procès-verbal de vente; outre la restitution du droit;

De cent francs aussi, pour chaque altération de prix des articles adjugés, faite dans le procès-verbal, indépendamment de la restitution du droit et des peines de faux;

Et de *quinze francs* pour chaque article dont le prix ne serait pas écrit en toutes lettres au procès-verbal.

Les autres contraventions que pourraient commettre les officiers publics contre les dispositions de la loi sur l'enregistrement, seront punies par les amendes et restitutions qu'elle prononce.

L'amende qu'aura encourue tout citoyen, par

______

(¹) Le droit d'enregistrement dû sur un procès-verbal contenant plusieurs ventes d'objets mobiliers faites les unes au comptant, les autres à terme, doit être perçu sur le montant total de ces ventes. Cass., 3 février 1810.

contravention à l'art. 1ᵉʳ de la présente, en vendant ou faisant vendre publiquement ou par enchères, sans le ministère d'un officier public, sera déterminée en raison de l'importance de la contravention : elle ne pourra cependant être au-dessous de cinquante francs, ni excéder mille francs pour chaque vente, outre la restitution des droits qui se trouveront dus.

8. Les préposés de la régie de l'enregistrement sont autorisés à se transporter dans tous les lieux où se feront des ventes publiques et par enchères, et à s'y faire représenter les procès-verbaux de vente et les copies des déclarations préalables.

Ils dresseront des procès-verbaux des contraventions qu'ils auront reconnues et constatées; ils pourront même requérir l'assistance d'un officier municipal, ou de l'agent, ou de l'adjoint de la commune, ou de la municipalité où se fera la vente.

Les poursuites et instances auront lieu ainsi et de la manière prescrite par la loi du 22 frimaire dernier sur l'enregistrement.

La preuve testimoniale pourra être admise sur les ventes faites en contravention à la présente.

9. Sont dispensés de la déclaration ordonnée par l'article 2, les officiers publics qui auront à procéder aux ventes du mobilier national et à celles des effets des monts-de-piété.

10. Toutes dispositions des lois contraires à la présente sont abrogées.

11. La présente résolution sera imprimée.

———

(14 AVRIL 1800.

Arrêté relatif au versement du cautionnement des Receveurs particuliers des contributions, des Payeurs et Caissiers du Trésor public, et au mode de payement des intérêts de l'universalité des cautionnements.

ART. 1er. Les dispositions de l'arrêté du 18 ventôse dernier, qui règlent la forme du recouvrement des cautionnements établis par la loi du 7 du même mois, sont applicables aux cautionnements établis par les lois des 27 ventôse dernier et 4 germinal présent mois : en conséquence, et conformément à l'art. 2 dudit arrêté, le versement desdits cautionnements, tant en numéraire qu'en obligations, sera fait, pour Paris, au Trésor public; et pour les départements, dans la caisse du receveur-général.

2. Chaque receveur particulier des contributions, et chaque payeur et caissier du Trésor public, justifiera au ministre des finances, du payement de son cautionnement, dans la forme et dans les délais prescrits, ainsi qu'il est réglé par les articles 4 et 5 de l'arrêté du 18 ventôse.

3. Les receveurs-généraux des départements adresseront aux administrateurs de la caisse d'amortissement, le duplicata, signé par eux, des

bordereaux indicatifs des versements qui leur auront été faits sur les cautionnements, et qu'ils doivent adresser au Trésor public, conformément à l'art. 3 du même arrêté : il en sera de même pour les cautionnements qui seront réalisés à la caisse des recettes journalières, à Paris.

4. D'après ces bordereaux, les administrateurs de la caisse d'amortissement ouvriront un compte, tant en capital qu'en intéréts, à chacun des fonctionnaires et employés qui se seront mis en devoir d'acquitter leurs cautionnements.

5. A cet effet, lesdits fonctionnaires et employés seront tenus d'adresser auxdits administrateurs de la caisse d'amortissement, tant les quittances provisoires qui leur auront été fournies par les receveurs-généraux de département, ou par le caissier des recettes journalières, à Paris, que leurs obligations soldées.

6. En échange desdites quittances et obligations soldées, il sera remis successivement auxdits fonctionnaires et employés, par la caisse d'amortissement, des récépissés provisoires, pour être convertis en quittances définitives après l'acquittement total du cautionnement.

7. Les intérêts de l'universalité des cautionnements seront acquittés, par la caisse d'amortissement, aux époques et dans les proportions fixées par les lois des 6 frimaire, 7 ventôse derniers, et 4 germinal présent mois. Le remboursement des-

dits cautionnements s'effectuera à la même caisse, dans les cas prévus par les mêmes lois.

8. Aucun payement d'intérêts ne pourra être fait que sur la représentation de la quittance définitive à délivrer par les administrateurs de la caisse d'amortissement. — Lesdits intérêts courront à compter de la date soit des versements en numéraire, soit de l'acquittement des obligations.

(4 DÉCEMBRE 1800.)

Arrêté qui établit une chambre des avoués auprès du tribunal de cassation, et de chaque tribunal d'appel et de première instance (¹).

Art. 1er. Il est établi, auprès du tribunal de cassation et de chaque tribunal d'appel et de première instance, une chambre des avoués, pour leur discipline intérieure ; elle est composée de membres pris dans leur sein et nommés par eux. Cette chambre prononce par voie de décision lorsqu'il s'agit de police et de discipline intérieure, et par forme de simple avis, dans les autres cas.

2. Les attributions de ladite chambre seront : 1° De maintenir la discipline intérieure entre les avoués, et de prononcer l'application des censures de discipline ci-après établies ; — 2° De prévenir ou concilier tous différends entre avoués, sur des communications, remises ou rétention de pièces,

(¹) Voir ci-après l'arrêté du 19 avril 1801, qui déclare les dispositions de cet arrêté communes aux commissaires-priseurs.

sur des questions de préférence ou de concurrence dans les poursuites ou dans l'assistance aux levées de scellés et inventaires, et, en cas de non-conciliation, émettre son opinion, par forme de simple avis, sur lesdites questions ou différends; — 3° De prévenir toutes plaintes et réclamations de la part de tiers contre des avoués, à raison de leurs fonctions; concilier celles qui pourraient avoir lieu; émettre son opinion, par forme de simple avis, sur les réparations civiles qui pourraient en résulter, et réprimer, par voie de discipline et censure, les infractions qui en seraient l'objet, sans préjudice de l'action publique devant les tribunaux, s'il y a lieu; — 4° De donner son avis, comme tiers, sur les difficultés qui peuvent s'élever lors de la taxe de tous frais et dépens, et même sur tous les articles soumis à la taxe, lorsqu'elle se poursuit contre partie, ou lorsque l'avoué fait défaut; cet avis pourra être donné par un des membres commis par la chambre à cet effet; — 5° De former dans son sein un bureau de consultation gratuite pour les citoyens indigents, dont la chambre distribue les affaires aux divers avoués pour les suivre quand il y a lieu; — 6° De délivrer, s'il y a lieu, tous certificats de moralité et de capacité aux candidats, lorsqu'elle en sera requise, soit par le tribunal, soit par les candidats que le tribunal présente à la nomination du premier consul, en rempla-

cement des avoués morts ou démissionnaires ;—
7° Enfin, de représenter tous les avoués au tribunal collectivement, sous le rapport de leurs
droits et intérêts communs.

§ 3. Tous avis de la chambre seront sujets à homologation, à l'exception des décisions sur les cas
de police et de discipline intérieure, déterminés
en l'art. 8.

Organisation de la Chambre.

4. La chambre des avoués est composée , —
De quinze membres, dans les tribunaux où le
nombre des avoués est de deux cents et au-
dessus ;—De onze, lorsque les avoués sont au nombre de cent et plus, jusqu'à deux cents exclusivement ;— De neuf, lorsque les avoués sont au
nombre de cinquante et plus, jusqu'à cent exclusivement ; —De sept, lorsque les avoués sont
au nombre de trente et plus, jusqu'à cinquante
exclusivement ; — De cinq, lorsque les avoués
sont au nombre de vingt et plus, jusqu'à trente
exclusivement ; — De quatre, lorsque le nombre
des avoués est inférieur à vingt ; —Et néanmoins
la chambre peut délibérer valablement, quand les
membres présents et votants forment au moins les
deux tiers de ceux dont elle est composée.

5. Parmi les membres dont la chambre se
compose, il y a, — 1° Un président, qui a voix
prépondérante en cas de partage d'opinions : il
convoque les assemblées extraordinairement

quand il le juge à propos, ou sur la réquisition
motivée de deux autres membres ; il a la police
d'ordre dans la chambre ; — 2° Un syndic, lequel est partie poursuivante contre les avoués
inculpés : il est entendu préalablement à toutes
délibérations de la chambre, qui est tenue de délibérer sur tous ses réquisitoires ; il a, comme le
président, le droit de la convoquer ; il poursuit
l'exécution de ses délibérations dans la forme ci-
après déterminée, et agit pour la chambre, dans
tous les cas, et conformément à ce qu'elle a délibéré ; — 3° Un rapporteur, qui recueille les renseignements sur les affaires contre les avoués inculpés, et en fait le rapport à la chambre ; —
4° Un secrétaire, qui rédige les délibérations de la
chambre : il est le gardien des archives, et délivre
toutes expéditions ; — 5° Un trésorier, qui tient
la bourse commune ci-après établie, fait les recettes et dépenses autorisées par la chambre, et
en rend compte, à la fin de chaque trimestre, à la
chambre assemblée qui les arrête ainsi que de droit,
et lui donne sa décharge. — Indépendamment
des attributions particulières données aux membres désignés dans le présent article, chacun
d'eux a voix délibérative, ainsi que les autres
membres, dans toutes les assemblées de la chambre ; et néanmoins, lorsqu'il s'agit d'affaires où le
syndic est partie contre un avoué inculpé, le syndic n'a que voix consultative, et n'est point compté

parmi les votants, à moins que son opinion ne soit à décharge.

6. Les fonctions spéciales attribuées à chacun des cinq membres désignés dans l'article précédent, peuvent être cumulées, lorsque le nombre des membres composant la chambre est au-dessous de cinq ; et néanmoins les fonctions de président, de syndic et de rapporteur seront toujours exercées par trois personnes différentes. — Quel que soit le nombre des membres composant la chambre, la même cumulation peut avoir lieu momentanément, en cas d'absence ou d'empêchement d'aucun des membres désignés dans l'article précédent, lesquels, pour ce cas, se suppléent entre eux, ou peuvent même être suppléés par tels autres membres que ce soit de la chambre. — Les suppléants momentanés sont nommés par le président de la chambre, ou, s'il est absent, par la majorité des membres présents en nombre suffisant pour délibérer.

7. Outre les fonctions spéciales ci-dessus attribuées à quelques membres, et celles communes à tous dans les délibérations, chacun des membres de la chambre est sous-délégué, — 1° Pour faire les taxes des frais, qui lui sont réparties par le président de la chambre; — 2° Pour l'examen et consultation des affaires des indigents, qui lui sont aussi réparties par le président de la chambre, à laquelle il les renvoie avec son avis, pour, s'il y a

lieu de les suivre, être, par le président, distri-
buées aux divers avoués; — 3° Enfin, pour se
trouver à la chambre des avoués chaque jour des
audiences du tribunal, à l'effet de faciliter l'exercice des fonctions attribuées à ladite chambre.

Pouvoir de la Chambre dans les moyens de discipline.

8. La chambre prononce contre les avoués,
par forme de discipline, et suivant la gravité des
cas, celles des dispositions suivantes qu'elle croit
devoir leur appliquer; savoir : 1° Le rappel à
l'ordre; — 2° La censure simple, par la décision
même; — 3° La censure avec réprimande par le
président, à l'avoué en personne, dans la chambre assemblée; — 4° L'interdiction de l'entrée de
la chambre.

9. Si l'inculpation portée à la chambre contre
un avoué paraît assez grave pour mériter la suspension de l'avoué inculpé, la chambre s'adjoint,
par la voie du sort, d'autres avoués en nombre
égal, plus un, à celui des membres dont elle est
composée; et ainsi formée, la chambre émet son
opinion sur la suspension et sa durée, par forme
de simple avis. — Les voix sont recueillies, en
ce cas, au scrutin secret, par *oui* ou par *non*; et
l'avis ne peut être formé, si les deux tiers au
moins des membres appelés à l'assemblée n'y sont
présents. — Les dispositions de cet article ne sont
point applicables aux avoués des tribunaux où

leur nombre total n'est pas au moins triple de celui des membres de la chambre.

10. Quand l'avis émis par la chambre sera pour la suspension, il sera déposé au greffe du tribunal ; expédition en sera remise au commissaire du gouvernement, qui en fera l'usage qui sera voulu par la loi.

Mode de procéder en la Chambre.

11. Le syndic défère à la chambre les faits relatifs à la discipline ; et il est tenu de les lui dénoncer, soit d'office, quand il en a connaissance, soit sur la provocation des parties intéressées, soit sur celle de l'un des membres de la chambre. — Les avoués inculpés sont cités à la chambre, avec délai suffisant, qui ne peut être au-dessous de cinq jours, à la diligence du syndic, par une simple lettre indicative de l'objet, signée de lui, et envoyée par le secrétaire, qui en tient note.

12. Quant aux différends entre avoués, et aux difficultés sur lesquelles la chambre est chargée d'émettre son avis, les avoués peuvent se présenter contradictoirement, et sans citation préalable, aux séances de la chambre ; ils peuvent également y être cités, soit par simples lettres indicatives des objets, signées des avoués provoquants, et renvoyées par le secrétaire, auquel ils en laissent des doubles, soit par des citations ordinaires, dont ils déposent les originaux au secrétariat.

Ces citations officielles, ou par lettres, sont données avec les mêmes délais que celles du syndic, après avoir été préalablement soumises au visa du président de la chambre.

13. La chambre prend ses délibérations dans les affaires particulières, après avoir entendu, ou dûment appelé, dans la forme ci-dessus prescrite, les avoués inculpés ou intéressés, ensemble les tierces parties qui voudront être entendues, et qui, dans tous les cas, pourront se faire représenter ou assister par un avoué. --Les délibérations de la chambre sont motivées et signées sur la minute par la majorité des membres présents : les expéditions ne le sont que par le président et le secrétaire. — Ces délibérations n'étant que de simples actes d'administration, d'ordre et de discipline intérieure ou de simples avis, ne sont, dans aucun cas, sujettes au droit d'enregistrement ni de timbre, non plus que les pièces y relatives. — Les délibérations de la chambre sont notifiées, quand il y a lieu, dans la même forme que les citations, et il en est fait mention par le secrétaire, en marge desdites délibérations.

Nomination des membres de la Chambre, et durée
de leurs fonctions.

14. Les membres de la chambre sont nommés par l'assemblée générale des avoués, qui se réunissent, à cet effet, dans le lieu où siége le tribu-

nal. — Lorsqu'il y a cent votants et au-dessus, l'assemblée se divise par bureaux, qui ne peuvent être composés de moins de trente, ni de plus de cinquante. — Chaque bureau est présidé par le doyen d'âge des avoués présents; les deux plus âgés après lui font les fonctions de scrutateurs, et le plus jeune celles de secrétaire. — La nomination se fait au scrutin secret, par bulletin de liste, contenant un nombre de noms qui ne peut excéder celui des membres à nommer. — La majorité absolue des voix de l'assemblée générale est nécessaire pour la nomination.

15. Les membres de la chambre sont renouvelés tous les ans, par tiers, pour les nombres qui comportent cette division, et par portions les plus approximatives du tiers pour les autres nombres, en faisant alterner, chaque année, les portions inférieures et supérieures au tiers, à commencer par les inférieures, de manière que, dans tous les cas, aucun membre ne puisse rester en fonctions plus de trois ans consécutifs. — Le sort indique ceux des membres qui doivent sortir la première et la deuxième année; et ensuite ils sortent par ancienneté de nomination. — Les membres sortants ne peuvent être réélus qu'après une année d'intervalle. — Il est fait exception aux dispositions du présent article, pour les cas où le nombre total des avoués n'est pas suffisant pour le renouvellement, qui alors n'a lieu que jusqu'à con-

currence du nombre existant. Il n'y a, de même, pas lieu audit renouvellement ni à la nomination primitive, si le nombre des avoués n'excède pas celui nécessaire pour la composition de la chambre, dont, en ce cas, ils sont membres de droit.

16. Les membres choisis pour composer la chambre, ou qui en sont membres de droit, nomment entre eux, au scrutin secret et à la majorité absolue, le président, le syndic, le rapporteur, le secrétaire et le trésorier. —Cette nomination se renouvelle tous les ans, et les mêmes peuvent être réélus. —En cas de partage des voix, le scrutin est recommencé ; et si le résultat est le même, le plus âgé des deux membres qui sont l'objet de ce partage, est nommé de droit, à moins qu'il n'ait rempli, pendant les deux années précédentes, la place à laquelle il s'agit de nommer ; auquel cas la nomination de droit s'opère en faveur de son concurrent.

17. La nomination des membres de la chambre a lieu de droit le 15 fructidor de chaque année. Ils entrent en fonctions le 1er vendémiaire suivant ; et le même jour ils nomment le président et les autres officiers, qui entrent de suite en fonctions. —Les premières nominations pour la mise en activité du présent règlement se feront, savoir, à Paris, dans les deux décades de sa date, et dans les autres départements, dans les deux décades qui suivront sa publication.

Fonds pour les dépenses de la Chambre.

18. Il y a une bourse commune pour les dépenses des bureaux de la chambre.

Chaque membre de la chambre verse dans cette bourse commune la moitié des droits de présence à la taxe ou des droits de tiers qui lui sont attribués par les ordonnances. — Pour le surplus des fonds à fournir à la bourse commune, chaque avoué, même chacun des membres de la chambre, contribue de ses deniers, suivant ses facultés, et ainsi qu'il est réglé par elle, sans qu'il puisse néanmoins être exigé d'aucun d'eux, pour chaque année, au delà d'une somme égale à l'intérêt annuel de son cautionnement;—Et les fonds qui se trouvent dans la bourse commune, au delà des dépenses annuelles, sont réservés et employés par la chambre pour subvenir aux besoins des pauvres qu'elle croit avoir le plus de droits à la bienfaisance des avoués.

(18 mars 1801.)

Loi portant établissement de quatre-vingts commissaires-priseurs vendeurs de meubles à Paris (¹).

Art. 1ᵉʳ. A compter du 1ᵉʳ floréal prochain, les prisées des meubles et ventes publiques aux enchè-

---

(¹) Sont réputés meubles les bateaux de blanchissage, et les commissaires-priseurs ont seuls le droit d'en faire la vente publique à Paris. Cass., 17 fructidor an XII.

res, d'effets mobiliers, qui auront lieu à Paris, seront faites exclusivement par des commissaires-priseurs vendeurs de meubles. — Ils auront la concurrence pour les ventes de même nature qui se feront dans le département de la Seine.

2. Il est défendu à tous particuliers, à tous autres officiers publics, de s'immiscer dans lesdites opérations qui se feront à Paris, à peine d'amende, qui ne pourra excéder le quart du prix des objets prisés ou vendus.

3. Lesdits commissaires-priseurs vendeurs de meubles pourront recevoir toute déclaration concernant lesdites ventes, recevoir et viser toutes les oppositions qui y seront formées, introduire devant les autorités compétentes tous référés auxquels leurs opérations pourront donner lieu, et citer, à cet effet, les parties intéressées, devant lesdites autorités.

4. Toute opposition, toute saisie-arrêt, formées entre les mains des commissaires-priseurs vendeurs, relatives à leurs fonctions, toute signification de jugement prononçant la validité desdites opposition ou saisie-arrêt, seront sans effet, à moins que l'original desdites opposition, saisie-arrêt ou signification de jugement n'ait été visé par le commissaire-priseur vendeur, ou, en cas d'absence ou de refus, par le syndic desdits commissaires.

5. Les commissaires-priseurs vendeurs auront

la police dans les ventes, et pourront faire toute réquisition pour y maintenir l'ordre (¹).

6. Il sera alloué auxdits commissaires, pour frais de prisée, six francs par chaque vacation de trois heures.

7. Il leur sera alloué, pour tous frais de vente, vacation à ladite vente, rédaction de minute et première expédition du procès-verbal, droits de clercs et tous autres droits, non compris les déboursés faits pour annoncer la vente et en acquitter les droits, savoir, huit francs pour cent francs, lorsque le produit de la vente s'élèvera jusqu'à mille francs; sept pour cent, lorsque le produit s'élèvera jusqu'à quatre mille francs, et cinq pour cent, lorsque le produit s'élèvera au-dessus de quatre mille francs (²).

8. Le nombre des commissaires-priseurs vendeurs sera de quatre-vingts.

9. Ils seront nommés par le premier Consul, sur une liste de candidats qui sera soumise au gouvernement par le tribunal de première instance du département de la Seine, devant lequel les commissaires nommés prêteront serment.

(¹) Voir ci-après l'ordonnance du 29 avril 1806, art. 15, où il est dit que les commissaires-priseurs peuvent, en cas de besoin, requérir l'assistance d'un commissaire de police. Mais depuis cette ordonnance, dit M. Benou, t. I, page 45, ils ont eu le droit de requérir la force armée sans avoir besoin de recourir au commissaire de police.

(²) Voir ci-après loi du 18 juin 1843, qui règle le tarif des commissaires-priseurs.

10. Ils auront une chambre de discipline, qui sera organisée par un règlement : ils seront sous la surveillance du commissaire du gouvernement établi près le tribunal.

Ils verseront au trésor public, et par forme de cautionnement, une somme de dix mille francs, dont il sera payé un intérêt, conformément à la loi du 9 frimaire an IX.

11. Le tribunal ne pourra admettre à la prestation du serment que ceux qui justifieront de la quittance dudit cautionnement : le jugement qui donnera acte du serment, mentionnera la quittance.

Extrait des motifs de l'établissement des Commissaires-Priseurs, présentés par les orateurs du gouvernement.

« Avant la Révolution, des lois purement fiscales avaient établi des jurés-priseurs sur toutes les parties du sol français ; c'était un abus, il a été réformé.

« Mais, s'il était juste de supprimer ceux de ces fonctionnaires qui ne devaient leur existence qu'à une loi bursale, il était juste également de maintenir ces fonctionnaires quand leur ministère était reconnu d'absolue nécessité.

« Ils sont inutiles là où les richesses mobilières sont peu considérables ; ils sont nécessaires là où le mobilier fait une portion essentielle des fortunes particulières.

« L'existence de ces fonctionnaires était, sous ce point de vue, d'absolue nécessité pour Paris; et il n'est point hors de propos de rappeler à ce sujet, que leur établissement remonte au quinzième siècle.

« En les établissant, ont dit les orateurs du gouvernement en terminant l'exposé des motifs, vous faites disparaître une immense quantité d'abus, vous supprimez ces scandaleux encans, ouverts par la mauvaise foi, où les objets volés trouvent un *recélé* facile, où l'on n'expose que des marchandises inférieures ou détériorées, où le public est indignement trompé par des enchères simulées. — Vous assurez au fisc la perception des droits établis et dont il est chaque jour frustré; vous déjouez les injustes coalitions des marchands courant habituellement les ventes pour acheter à vil prix, et partager ensuite un bénéfice illicite sur les objets vendus; vous rendez au commerce légitime du marchand en boutique ou en magasin, les occasions de ventes dont ces encans le privent journellement; enfin, par le cautionnement exigé, ainsi que par la moralité des fonctionnaires qui seront choisis, vous garantissez la solvabilité de ces fonctionnaires, dépositaires nécessaires et forcés. »

(19 MARS 1801.)

Extrait de la loi sur les courtiers de commerce.

TITRE II.

Établissement des Agents de change et Courtiers.

Art. 6. Dans toutes les villes où il y aura une bourse, il y aura des agents de change et des courtiers de commerce nommés par le gouvernement.

7. Les agents de change et courtiers qui seront nommés en vertu de l'article précédent, auront seuls le droit d'en exercer la profession, de constater le cours du change, celui des effets publics, marchandises, matières d'or et d'argent, et de justifier devant les tribunaux ou arbitres la vérité et le taux des négociations, ventes et achats.

8. Il est défendu, sous peine d'une amende qui sera au plus du sixième du cautionnement des agents de change ou courtiers de la place, et au moins du douzième, à tous individus autres que ceux nommés par le gouvernement, d'exercer les fonctions d'agent de change ou de courtier. — L'amende sera prononcée correctionnellement par le tribunal de première instance, payable par corps, et applicable aux enfants abandonnés.

9. Les agents de change et courtiers de commerce seront tenus de fournir un cautionnement. — Le montant en sera réglé par le gouvernement, sur l'avis des préfets de département.

—Il ne pourra excéder, pour les agents de change, la somme de soixante mille francs, ni être moindre de six mille francs en numéraire. — Pour les courtiers de commerce, il ne pourra excéder la somme de douze mille francs, ni être moindre de deux mille francs. — Le montant en sera versé à la caisse d'amortissement. — L'intérêt en sera payé à cinq pour cent ([1]).

10. En cas de démission ou décès, le cautionnement sera remboursé par la caisse d'amortissement à l'agent de change ou courtier, ses héritiers ou ayants cause.

11. Le gouvernement fera, pour la police des bourses, et en général pour l'exécution de la présente loi, les règlements qui seront nécessaires.

Motifs de la loi sur les Bourses de commerce et les Agents de change et Courtiers.

« Législateurs ,

« Dans plusieurs villes de commerce, il a existé, il existe encore des bourses où les agents de change, négociants et courtiers se réunissent pour faire des opérations de commerce et de change.

« Dans d'autres villes, l'intérêt du commerce appelle des établissements semblables ; et le gouvernement, occupé de tout ce qui peut le favoriser, désire en faciliter la formation dans toutes les places qui en auront besoin.

([1]) Réduit depuis à 4 p. o/0. L. 28 avr. 1816, art. 94.

« Dans les lieux où il y a des édifices ou emplacements devenus nationaux, mais encore consacrés à la tenue des bourses, il pense qu'il est utile de les assigner spécialement à cette destination.

« Dans les lieux où il n'existe pas de bâtiments ou emplacements pour cet usage, il croit que ce sera avantageusement employer un édifice national, s'il en existe d'invendus, en l'affectant à la réunion des commerçants.

« Enfin, si les négociants d'une ville veulent élever au commerce, à l'industrie, un monument qui embellisse la cité, et facilite les négociations et les ventes en rassemblant dans son enceinte ceux qui s'en occupent, le gouvernement regarde comme un devoir de les encourager et de leur garantir la propriété de l'édifice qu'ils feront construire.

« Ainsi, par l'un ou l'autre de ces moyens, toutes les villes commerçantes de la France auront un lieu où leurs négociants, rassemblés, rapprochés par la bonne foi comme par les affaires, les traiteront avec facilité, sous la protection d'une administration vigilante.

« Il est nécessaire que les marchés du premier ordre soient entretenus, sinon avec luxe, du moins avec propreté, avec décence ; et il est juste que les dépenses qu'ils occasionneront soient supportées par ceux qui en profiteront.

« Ainsi, à l'avenir, comme on le fit autrefois, les

négociants seront tenus d'y pourvoir, mais en n'établissant la contribution que sur ceux qui payent une patente de première et de seconde classe; la portion des commerçants qui fait des affaires de détail et peu considérables en sera exempte, et l'emploi de la contribution sera encore réglé et surveillé, ainsi que la perception, de la même manière que toutes les autres dépenses locales.

« Mais il ne suffit pas d'ouvrir au commerce des lieux où ceux qui s'y livrent se rassemblent pour traiter de leurs intérêts en servant ceux des consommateurs et de leur pays.

« Entre le vendeur et l'acheteur, il est besoin d'intermédiaires qui facilitent, proposent, consomment, garantissent l'exécution du contrat qui se fait entre eux.

« Il faut que ces intermédiaires, qui sont les agents de change et courtiers, offrent par leur moralité, leurs connaissances, et même par l'engagement d'une partie de leurs propriétés, une garantie à l'administration publique comme à l'intérêt particulier.

« Il faut donc qu'ils soient désignés par le gouvernement à la confiance publique, et que l'État, comme le négociant qui les emploie, trouve dans un cautionnement le gage de leur bonne conduite, ou de l'expiation de leurs erreurs et de leurs fautes s'il leur en échappe.

8

« Ce cautionnement doit varier suivant les lieux, l'espèce de commerce et les circonstances, et la loi ne fixe que le *maximum* et le *minimum*. Le gouvernement se décidera entre les deux points, d'après les lumières qu'il recueillera, qu'il appellera, et que les négociants eux-mêmes, ainsi que les administrateurs locaux, lui procureront.

« Ce sera de la même manière, et sur les renseignements qu'il se fera remettre, qu'il fixera le nombre d'agents de change et courtiers nécessaires à chaque place de commerce.

« En les nommant, en exigeant d'eux une garantie spéciale, le gouvernement doit aussi prendre des mesures pour que ceux qui se sont livrés à cette profession sans avoir les qualités qui inspirent et justifient la confiance publique, ne puissent plus l'exercer; pour que la bonne foi des citoyens ne soit plus abusée, la fortune publique livrée aux calculs de la cupidité et de la mauvaise foi.

« Le nombre d'agents nécessaire sera connu et fixé; ils seront désignés à la confiance des Français et des étrangers.

« Un plus grand nombre serait inutile, dangereux; il faut donc que nul ne puisse exercer ces fonctions devenues publiques et déléguées en vertu de la loi, sans encourir une peine que prononce une des dispositions de cette même loi.

« L'intérêt du cautionnement est au surplus fixé suivant qu'il l'a été pour les autres professions

qui y ont été assujetties, et le remboursement
assuré en cas de démission ou décès.

« Tels sont les principes qui ont motivé la loi
que je vous présente.

« Le gouvernement est pénétré de son importance : elle commencera la réorganisation de tous
les établissements qui intéressent le commerce,
et dont il est si pressant de s'occuper.

« Elle sera un premier moyen de ramener dans
cette honorable profession la bonne foi qui doit
y régner, l'ordre, la justice, qui doivent présider
à toutes ses transactions, et qui doivent signaler,
aux yeux des nations étrangères, le caractère de
tous les Français, comme celui du gouvernement. »

(19 avril 1801.)

Arrêté relatif à la Chambre des Commissaires-Priseurs vendeurs de meubles.

Art. 1er. Les dispositions contenues au règlement du 13 frimaire an IX, relatif aux avoués,
sont déclarées communes aux commissaires-priseurs vendeurs de meubles, créés par la loi du
27 ventôse dernier, sauf les modifications ci-
après.

2. La chambre des commissaires-priseurs vendeurs sera composée d'un président, d'un syndic,

d'un rapporteur, d'un secrétaire, d'un trésorier et de dix autres membres (¹).

3. Les assemblées ordinaires de la chambre se tiendront tous les décadis, à dix heures du matin.

4. Les membres de la chambre seront nommés par l'assemblée générale des commissaires - priseurs vendeurs, réunis à cet effet dans le local qui, pour la première fois, sera indiqué à chacun des membres par le commissaire du gouvernement près le tribunal de première instance.

5. Les membres de la chambre seront renouvelés tous les ans par tiers.

6. Le renouvellement des membres de la chambre se fera chaque année, le 30 germinal.

7. Quant à la première nomination. pour la mise en activité du présent règlement, elle aura lieu le 4 floréal.

8. Chaque commissaire-priseur vendeur sera tenu de faire, au secrétariat, déclaration de toutes les ventes dont il sera chargé, vingt-quatre heures au moins avant le commencement de la vente, et d'indiquer les jour, lieu et heure où elles se feront, ainsi que le nom des requérants. Le commissaire qui négligerait cette déclaration, payera trois francs pour la première fois, dix francs pour la deuxième, et vingt-cinq francs pour la troisième.

(¹) Relativement aux attributions des membres composant la chambre des commissaires-priseurs, voir ci-dessus, loi du 13 frimaire an IX (4 décembre 1800).

— Ces déclarations seront reçues moyennant un franc, et seront portées, jour par jour, sur un registre ouvert à cet effet, signé et paraphé par le président.

9. Les membres composant la chambre de discipline pourront se transporter dans les ventes, inspecter les procès-verbaux, les parapher, s'ils le jugent convenable.

10. Il y aura une bourse commune, dans laquelle entreront les deux cinquièmes des droits alloués aux commissaires, et produits par chaque vente (¹). Les fonds de cette bourse commune seront affectés comme garantie spéciale au payement des deniers produits par les ventes, et seront saisissables.

11. Les commissaires-priseurs spécialement attachés à l'établissement du Mont-de-piété, étant soumis personnellement à une *garantie sur les prêts*, pourront, par un traité particulier passé entre eux et les autres commissaires, régler la somme que les premiers verseront dans la bourse commune, par forme d'abonnement. — Ce traité sera soumis à l'homologation du tribunal de première instance, sur les conclusions du commissaire du gouvernement.

12. La répartition des émoluments de bourse

(¹) Voir cependant l'ordonnance du roi du 18 février 1815, qui modifie ces dispositions.

commune sera faite par portion égale entre eux, de deux en deux mois.

13. Les commissaires-priseurs vendeurs auront, dans l'exercice de leurs fonctions, l'habit complet noir, chapeau à la française, et une ceinture de soie noire.

14. Le ministre de la justice est chargé de l'exécution du présent arrêté, qui sera inséré au *Bulletin des Lois*.

(12 DÉCEMBRE 1801.)

**Règlement pour les Commissaires-Priseurs vendeurs
au département de la Seine.**

Extrait du registre des délibérations du tribunal de première instance
du département de la Seine.

TITRE I.

Établissement d'une chambre.

Art. 1er. Il est établi une chambre des commissaires-priseurs vendeurs pour leur discipline intérieure; elle est composée de membres pris dans leur sein, et nommés par eux à la majorité absolue.

2. Cette chambre prononce par voie de décision, lorsqu'il s'agit de police et de discipline intérieure, et par forme de simple avis dans les autres cas.

TITRE II.

Attributions de la chambre.

Art. 1er. La chambre maintiendra la discipline intérieure entre les commissaires-priseurs vendeurs, et prononcera l'application des censures de discipline ci-après établies.

2. Elle préviendra ou conciliera tous différends entre commissaires-priseurs vendeurs, sur toutes questions de préférence relatives à leurs fonctions; et en cas de non-conciliation, la chambre émettra son opinion par forme de simple avis sur lesdites questions ou différends.

3. Elle préviendra ou recevra toutes plaintes et réclamations de la part de tiers, contre des commissaires-priseurs, à raison de leurs fonctions; elle conciliera celles qui pourront avoir lieu; elle émettra son opinion par forme de simple avis sur les réparations civiles qui pourraient en résulter, et réprimera, par voie de discipline et de censure, les infractions qui en seraient l'objet, sans préjudice de l'action publique devant les tribunaux, s'il y a lieu.

4. Elle délivrera, s'il y a lieu, tous certificats de moralité et de capacité aux candidats, lorsqu'elle en sera requise, soit par le tribunal de première instance, soit par les candidats que ce tribunal présente à la nomination du premier consul, en remplacement des commissaires-pri-

seurs morts ou démissionnaires ou autrement.

5. Elle représentera tous les commissaires-priseurs vendeurs collectivement sous le rapport de leurs droits ou intérêts communs.

6. Tous avis de la chambre seront sujets à l'homologation, à l'exception des décisions sur les cas de police et de discipline intérieure.

TITRE III.

Organisation de la chambre.

Art. 1er. La chambre des commissaires-priseurs vendeurs est composée de quinze membres.

2. Parmi les membres dont la chambre se compose il y a, 1° un président qui a voix prépondérante en cas de partage d'opinions; il convoque la chambre extraordinairement, quand il le juge à propos, ou sur la réquisition motivée de deux autres membres; il a la police d'ordre dans la chambre;—2° Un syndic qui est partie poursuivante contre les commissaires-priseurs vendeurs inculpés; il est entendu préalablement à toutes délibérations de la chambre, laquelle est tenue de délibérer sur tous les réquisitoires; il a, comme le président, le droit de la convoquer; il poursuit l'exécution de ses délibérations dans la forme ci-après déterminée, et agit pour la chambre dans tous les cas et conformément à tout ce qu'elle a délibéré; — 3° Un rapporteur qui re-

cueille les renseignements sur les plaintes et réclamations portées contre les commissaires-priseurs vendeurs, et en fait son rapport à la
chambre; — 4° Un secrétaire qui rédige les délibérations de la chambre; il est gardien des archives et délivre toutes expéditions; — 5° Et un
trésorier qui tient la bourse commune ci-après
établie; il reçoit le produit des déclarations des
ventes, celui des droits de bourse commune et des
sommes exigibles dans les cas prévus par l'art. 8
du règlement du 29 germinal, et de celles provenant des autres peines pécuniaires imposées
aux commissaires-priseurs; il fait les recettes et
dépenses autorisées par la chambre, et rend son
compte du tout à la chambre, comme il sera dit
ci-après. — Indépendamment des attributions
particulières données aux cinq membres ci-dessus
désignés, chacun d'eux a voix délibérative comme
les dix autres membres dans toutes les assemblées
de la chambre, et néanmoins, lorsqu'il s'agit d'affaires où le syndic est partie contre un commissaire-priseur inculpé, le syndic n'a que voix
consultative, et n'est point compté parmi les
votants, à moins que son opinion ne soit à décharge.

3. Les fonctions spéciales attribuées à chacun
des membres désignés en l'article 2 du titre précédent peuvent être cumulées, momentanément,
en cas d'absence ou d'empêchement d'aucun

d'eux, lesquels se suppléent entre eux, ou peuvent même être suppléés par tel autre membre que ce soit de la chambre ; les suppléants momentanés sont nommés par le président de la chambre, ou, s'il est absent ou empêché, par la majorité des membres présents en nombre suffisant pour délibérer.

4. Les assemblées ordinaires de la chambre se tiennent tous les décadis à dix heures du matin.

5. Il n'y a d'assemblées générales des commissaires-priseurs convoquées que celles d'élection.

TITRE IV.

Art. 1er. La chambre prononce contre les commissaires-priseurs par forme de discipline, et suivant la gravité des cas, celles des dispositions suivantes qu'elle croit devoir leur appliquer, savoir : 1° Le rappel à l'ordre ; — 2° La censure simple par la décision même ; — 3° La censure avec réprimande par le président au commissaire-priseur en personne, dans la chambre assemblée ; — 4° Le prélèvement de dix francs pour le défaut de comparution du membre inculpé à la deuxième invitation, laquelle somme sera payée dans les mains du trésorier pour entrer dans la bourse commune, sinon prélevée sur la portion de répartition du commissaire-priseur inculpé :

— 5° L'interdiction de l'entrée de la chambre.

2. S'il était porté à la chambre, contre un commissaire-priseur, une inculpation qui lui parût assez grave pour mériter la suspension des fonctions de l'inculpé, la chambre appellera dans son sein, et par la voie du sort, seize autres commissaires-priseurs qui, avec les membres de la chambre, formeront une chambre de grande discipline, laquelle, ainsi formée, émettra son opinion par forme de simple avis, au scrutin secret, par oui ou par non, sur la suspension et sa durée, et cet avis ne pourra être formé, si les deux tiers au moins des membres appelés à l'assemblée n'y sont présents.

3. Si l'avis émis par la chambre est pour la suspension, il sera déposé au greffe du tribunal de première instance ; expédition en sera remise au commissaire du gouvernement, qui en fera l'usage voulu par la loi.

TITRE V.

Mode de procéder en la Chambre.

Art. 1er. Le syndic défère à la chambre les faits relatifs à la discipline ; il est tenu de les lui dénoncer, soit d'office quand il en a connaissance, soit par la provocation des parties intéressées, soit sur celle de l'un des membres de la chambre. — Les commissaires-priseurs inculpés seront cités à la chambre avec délai suffisant, et qui ne pourra être au-dessous de cinq jours, à la diligence du syndic, par une simple lettre indicative de l'objet, signée de lui, et qui sera envoyée par le secrétaire, qui en tiendra note.

2. Quant aux différends qui pourraient s'élever entre les commissaires-priseurs vendeurs, et aux difficultés sur lesquelles la chambre serait chargée d'émettre son avis, les commissaires-priseurs pourront se présenter contradictoirement, et sans citation préable aux séances de la chambre, ou y être cités par simples lettres indicatives des objets, signées des commissaires provoquants et renvoyées par le secrétaire auquel ils en laisseront des doubles, soit par des citations ordinaires, dont ils déposeront les originaux au secrétariat ; ces citations officielles, ou par lettres, seront données avec les mêmes délais que celles du syndic, après avoir été préalablement soumises au visa du président de la chambre.

3. La chambre prendra ses délibérations, dans les affaires particulières, après avoir entendu ou dûment appelé dans la forme ci-dessus prescrite les commissaires-priseurs inculpés, ensemble les tierces parties qui voudront être entendues, et qui, dans tous les cas, pourront se faire représenter ou assister par un conseil.

4. Les délibérations de la chambre seront motivées et signées sur la minute par la majorité des membres présents ; les expéditions ne le se-

ront que par le président et le secrétaire : ces délibérations n'étant que de simples actes d'administration, d'ordre et de discipline intérieure, ou de simples avis, ne sont dans aucun cas sujettes au droit d'enregistrement, non plus que les pièces y relatives.—Lesdites délibérations sont notifiées, quand il y a lieu, dans la même forme que les citations, et il en est fait mention, par le secrétaire, en marge d'icelles.

TITRE VI.

Nomination des membres de la chambre, et durée de leurs fonctions.

Art. 1ᵉʳ. Les membres de la chambre sont nommés par l'assemblée générale des commissaires-priseurs vendeurs, qui se réunissent, à cet effet, au lieu où la chambre tient ses séances, le 30 germinal de chaque année.

2. Les membres de la chambre seront renouvelés tous les ans, par tiers, à l'époque du 30 germinal.

3. Le sort indique ceux de ces membres qui doivent sortir de la chambre, la première et la deuxième année, et ensuite ils sortent par ancienneté de nomination.

4. Le renouvellement des membres de la chambre s'opère en assemblée générale de la manière suivante : —Sont mis dans une urne, pour la première année, quinze bulletins contenant les noms

de chacun des quinze membres de la chambre ; le président en tire cinq l'un après l'autre, qui indiquent les cinq membres sortants. — Le remplacement des cinq membres se fait à l'instant par l'assemblée générale, par scrutin secret et à la majorité absolue. — Pour la deuxième année, il n'est mis dans l'urne que dix bulletins, contenant les noms des dix membres restés à la chambre par l'événement du premier tirage ; le président en tire cinq, qui désignent les cinq membres sortants, lesquels sont remplacés à l'instant, de la même manière que l'année précédente. —Et la troisième année, les cinq membres anciens, restés à la chambre, sortent de droit sans tirage, et sont remplacés comme il est dit ci-dessus.

5. A l'avenir, les cinq plus anciens des quinze membres de la chambre sortiront de droit, et seront remplacés suivant le mode ci-dessus établi.

6. Les membres sortants ne pourront être réélus qu'après une année d'intervalle.

7. Les membres qui composent la chambre nomment entre eux, au scrutin et à la majorité absolue, le président, le syndic, le rapporteur, le secrétaire et le trésorier ; cette nomination se renouvelle tous les ans.

8. En cas de partage de voix pour la nomination des officiers de la chambre, le scrutin est recommencé, et si le résultat est le même, le plus âgé des deux membres qui font l'objet de ce par-

tage est nommé de droit, à moins qu'il n'ait rempli pendant les deux années précédentes la place à laquelle il s'agit de nommer, auquel cas la nomination de droit s'opère en faveur du concurrent.

TITRE VII.

Police de la chambre.

ART. 1er. Chaque commissaire-priseur vendeur est tenu de faire au secrétariat déclaration de toutes les ventes dont il est chargé, vingt-quatre heures au moins avant le commencement de la vente, d'indiquer les jours, lieux et heures où elles commenceront, ainsi que les noms des requérants, et de signer ces déclarations : le commissaire qui négligerait de faire cette déclaration payera trois francs pour la première fois, dix francs pour la seconde, et vingt-cinq francs pour la troisième, lesquelles sommes entreront dans la bourse commune, et seront à cet effet versées dans les mains du trésorier, sinon retenues sur les contrevenants lors de la répartition.

2. Ces déclarations seront reçues moyennant un franc, et seront portées, jour par jour, sur un registre ouvert à cet effet, signé et paraphé par le président. Ce droit de déclaration entrera dans la bourse commune, et sera perçu lors du rapport.

3. Lorsque des ventes seront suspendues sans

indication du jour de la reprise, ou lorsque la suspension durera plus de dix jours, ou lorsqu'il y aura mutation de lieu, les commissaires-priseurs qui y procéderont seront tenus d'en faire de nouveau la déclaration au secrétariat de la chambre, et ces sortes de déclarations seront gratuites.

4. Les commissaires-priseurs vendeurs, d'après les obligations que leur imposent les lois relatives à l'exercice de leurs fonctions, seront tenus de dresser des procès-verbaux de toutes les ventes qu'ils sont chargés de faire, et d'y comprendre tous et chacun des objets mobiliers qu'ils exposeront et adjugeront, soit dans des ventes particulières, soit à la suite et dans le cours d'autres ventes après décès, volontaires ou forcées ; et dans le cas de contravention, seront, les contrevenants, 1° mandés à la chambre et censurés par elle, aux termes de l'art. 1er du titre IV du présent règlement ; 2° tenus au payement d'une somme de vingt-cinq francs par chaque contravention, laquelle somme entrera dans la bourse commune, et à cet effet sera versée par le contrevenant ès mains du trésorier, sinon retenue sur sa portion dans la répartition ; 3° et les délits dénoncés par la chambre au commissaire du gouvernement près le tribunal civil de première instance, pour faire infliger aux délinquants les peines portées par la loi.

5. Pour arrêter et prévenir les abus, il pourra

être procédé par les commissaires-priseurs vendeurs à aucune vente après séparation de biens,
qu'en la présence d'un membre de la chambre
dont l'assistance sera requise par écrit, signé du
commissaire requérant, trois jours avant la vente,
à la chambre des commissaires-priseurs, en la
personne du président. — Ce service sera tour-
naire entre les membres de la chambre; et attendu
que cette mesure tient à la police de la chambre,
les frais auxquels elle donnera lieu doivent être
à la charge commune; en conséquence, il sera
alloué au membre assistant six francs par vacation, qui seront payés par le trésorier sur un
certificat des commissaires-priseurs qui auront
fait les ventes, visé par le président.

6. Les membres composant la chambre de
discipline pourront se transporter dans les ventes,
inspecter les procès-verbaux et les parapher, s'ils
le jugent convenable; les commissaires qui procéderont aux ventes où les membres de la chambre se transporteront, seront tenus de les accueil-
lir avec déférence, de leur représenter les minutes
de leurs procès-verbaux et pièces, même de leur
procurer, du côté où les commissaires procédants
seront placés, l'accès convenable pour être à portée de conférer avec eux, et ce, sous telles peines
qu'il appartiendra.

7. En cas de contravention de la part d'aucun
des commissaires-priseurs dans l'exercice de leurs

fonctions, reconnue par l'un des membres de la chambre, ce dernier en dressera son procès-verbal, requerra la signature du contrevenant, ou constatera son refus de signer, en fera son rapport dans les vingt-quatre heures au syndic, qui agira ainsi que de droit.

8. Lors des assemblées de la chambre et dé l'assemblée générale du 30 germinal de chaque année, les membres de la chambre seront tenus d'y paraître en habit noir, avec le chapeau à la française, et les cinq officiers en fonctions revêtus de leurs ceintures.

9. Le tableau général des commissaires-priseurs vendeurs sera formé par la chambre, en prenant pour règle d'ancienneté entre eux, l'âge de chacun, suivant l'ordre des nominations par le premier consul, en sorte que les soixante premiers nommés seront les plus anciens par rang d'âge entre eux, que les dix nommés depuis les suivront dans le même ordre, et successivement les dix derniers nommés aussi dans le même ordre et par rang d'âge.

10. Ce tableau sera renouvelé chaque année, le 30 germinal, avec les changements résultant des mutations survenues pendant le cours de l'année précédente.

11. Lorsque deux commissaires-priseurs se trouveront nommés dans une même opération, et qu'ils procéderont ensemble à une vente, le plus

ancien d'eux, d'après son rang d'inscription au tableau, aura droit à la garde de la minute, et sera chargé des deniers de la vente.

TITRE VIII.

Bourse commune.

Art. 1. Il y a bourse commune entre les commissaires-priseurs vendeurs, établie par le règlement des consuls, du 29 germinal an IX, dans laquelle entre 1° le produit des déclarations de vente; 2° celui des peines pécuniaires encourues par les commissaires - priseurs; 3° les deux cinquièmes des droits attribués auxdits commissaires et produits par chaque vente. — Les fonds de cette bourse commune seront affectés, comme garantie spéciale, au payement des deniers produits par les ventes et seront saisissables.

2. Le rapport à la bourse commune se fera par chaque commissaire-priseur, ès mains du trésorier et sur son visa, dans les premiers dix jours qui suivront le bimestre expiré, et ainsi de suite de deux mois en deux mois. — Ce rapport contiendra le droit de bourse commune provenant de toutes les ventes faites jusqu'à la fin du bimestre; et dans le cas où une vente ne serait pas alors terminée, il sera rapporté le droit que donnera le produit de la vente à cette époque, conformément au règlement, sauf la déduction à raison des différences de taux, lors du rapport

de l'excédant au bimestre suivant. — Les sommes versées ne pourront l'être qu'en francs.

3. Le trésorier percevra graduellement le droit de bourse commune par fraction de 10 francs, de manière qu'une vente montant à 101 francs jusqu'à 110 francs rendra le droit pour cent, plus le dixième dudit droit; celle montant à 111 francs jusqu'à 120 francs, donnera le droit pour cent, plus un cinquième dudit droit; et ainsi de suite jusqu'à 200 francs, pour lesquels sera perçu le droit ordinaire pour chaque cent francs.

4. Dans le cas où des commissaires-priseurs auraient négligé de faire le rapport à la bourse commune des droits résultant des ventes dont ils auraient fait les déclarations, et auxquelles ils auraient procédé dans le bimestre expiré, ils seront tenus au payement 1° d'une somme de dix francs par chaque procès-verbal, pour la première fois; 2° de vingt-cinq francs, pour la deuxième fois, lesquelles sommes seront versées par eux à la bourse commune dans les mains du trésorier, et, à défaut de payement, retenues sur la portion à eux revenante dans la répartition; 3° et dans le cas de récidive à la deuxième fois, les contraventions seront dénoncées par la chambre au commissaire du gouvernement près le tribunal de première instance, pour être par lui pris tel parti qu'il appartiendra.

5. Dans le cas où un commissaire-priseur n'au-

rait pas déclaré une vente qu'il aurait faite, et n'en aurait pas rapporté les droits à la bourse commune, il sera dénoncé à la chambre, censuré par le président, et tenu au payement d'une somme de vingt-cinq francs pour cette contravention, laquelle somme sera acquittée comme il est dit ci-dessus.

6. Le trésorier sera tenu de dresser son compte des recettes et dépenses qu'il fera, et de le présenter, avec les pièces justificatives, à la chambre, dans les vingt jours qui suivront le bimestre expiré.

7. La répartition du produit net de la bourse commune, déduction faite des dépenses autorisées et arrêtées par la chambre, sera faite par portions égales de deux en deux mois entre les commissaires-priseurs, et elle s'opérera en francs dans le courant des dix jours qui suivront la reddition du compte du trésorier.

8. Les veuves et enfants des commissaires-priseurs qui viendraient à décéder auront droit à la portion des défunts dans la répartition de la bourse commune, jusqu'au jour de la prestation de serment par les successeurs; néanmoins, cette portion de répartition ne pourra excéder trois bimestres, à compter du jour du décès du commissaire-priseur; dans ce cas, les veuves et enfants donneront au trésorier quittance particulière du montant de la portion à eux accordée.—Et

attendu que cette portion de répartition est de pure libéralité et volontairement accordée en faveur desdites veuves et enfants des commissaires-priseurs défunts, à compter du jour des décès, elle ne pourra, en aucun cas, être saisissable ni cessible.

9. La chambre est autorisée à ordonner toutes dépenses administratives et relatives, desquelles dépenses le trésorier rendra compte à la chambre à chaque bimestre, et elles ne pourront être allouées à ce dernier, que ses ordonnances ne soient revêtues des signatures du président et du syndic; et, en cas d'absence de l'un d'eux, des signatures de deux autres membres de la chambre. — Le règlement ci-dessus homologué par le tribunal de première instance du département de la Seine, étant en assemblée générale, ouï sur ce le commissaire du gouvernement, transcription en a été faite en conséquence sur le registre des délibérations du tribunal, le vingt-un frimaire an dix.

(18 octobre 1804.)

Règlement sur la présentation des candidats.

CHAMBRE DES COMMISSAIRES-PRISEURS DU DÉPARTEMENT DE LA SEINE.

Extrait du registre des délibérations du 26 vendémiaire an XIII.

La chambre, considérant que si l'état de commissaire-priseur paraît au premier coup d'œil facile à remplir, il n'en est pas moins un de ceux dont les détails et les observations demandent une attention toute particulière, et que ce n'est qu'en remplissant toutes ces obligations que ceux qui l'exercent peuvent espérer de jouir de la considération publique.

Qu'il ne suffit pas à un commissaire-priseur d'avoir une connaissance parfaite de la valeur des meubles, quoique ce soit une de celles qui lui sont nécessaires pour les principales fonctions de son état, puisqu'elle s'acquiert tous les jours par l'exercice, il faut encore qu'il connaisse les dispositions des lois qui y sont relatives, particulièrement les formes et la procédure contre lesquelles on ne saurait trop se tenir en garde; que ces connaissances ne peuvent s'acquérir que par un travail suivi, soit chez des avoués, soit chez des notaires, soit chez des gens d'affaires dont les maisons sont connues, soit enfin avec des commissaires-priseurs.

Considérant que pour maintenir la compagnie dans la possession de la confiance et de la considération publique, et pour éviter que l'incapacité et l'immoralité des candidats puissent y porter atteinte, il est indispensable d'abord de prendre des informations sur leur conduite, ensuite de leur faire subir un examen sur les différentes lois qui peuvent avoir trait à l'état de commissaire-priseur, telles que les successions, les tutelles, la minorité, les interdits, les absents, les dépôts, les liquidations, les priviléges; que ce soin, comme objet de discipline et d'intérêt de la chambre, appartient essentiellement à la chambre, afin de pouvoir donner son avis au tribunal.

Considérant que s'il est du devoir de la chambre d'employer les moyens propres à présenter à la compagnie un candidat qui soit digne d'elle, il appartient aussi à la compagnie de la seconder pour donner aux *investitures* l'intérêt qu'inspire cette cérémonie, le moyen d'y parvenir est d'y paraître en grand nombre et en costume.

Considérant aussi, par une suite de la représentation à donner aux assemblées, que celles du premier dimanche du mois, et celles convoquées, ont toujours un objet intéressant, puisque les premières sont pour entendre la lecture des arrêtés qui ont été pris dans le mois précédent, et les autres pour y délibérer sur des matières qui intéressent la compagnie, il paraît également raisonnable d'y assister en costume distinctif, ainsi que cela se pratique dans toutes les assemblées délibérantes.

Considérant enfin que la délibération du 5 ventôse an X n'a pas tout prévu à cet égard, elle doit être rapportée; en conséquence, sur le réquisitoire du syndic, la chambre a arrêté à l'unanimité :

Art. 1er. A l'avenir, lorsqu'un commissaire-priseur voudra se démettre de sa commission, il est invité à en faire part au président de la compagnie, ou au syndic; il leur donnera les renseignements nécessaires, et le président ou le syndic en donneront avis à l'assemblée la plus prochaine de la chambre, sans nommer le démissionnaire, ni celui en faveur duquel il propose de se démettre, à moins qu'ils n'y aient consenti.

2. Sur le rapport qu'aura fait à la chambre le président ou le syndic, sur le compte du candidat, elle jugera s'il doit lui être présenté.

3. Le candidat ne pourra se présenter à la chambre qu'accompagné d'un membre de la compagnie, et du démissionnaire, si celui-ci le juge à propos, *tous trois vêtus de noir.*

4. Le candidat pourra choisir tel membre de la compagnie qu'il lui plaira pour présentateur, *pourvu qu'il ait trois années révolues de réception, et qu'il ne soit pas un des membres de la chambre.*

5. Le candidat sera tenu de justifier à la chambre, par pièces authentiques, de son âge et de sa moralité, conformément à l'arrêté des consuls du 13 frimaire an X.

6. Si la chambre donne son agrément, le candidat présentera sa requête au tribunal de première instance.

7. Si sur la requête présentée, le tribunal renvoie à la chambre pour avoir son avis, elle fera écrire sur-le-champ à tous les membres de la

compagnie pour leur donner avis de la présentation du candidat, afin de recueillir les renseignements nécessaires sur sa moralité.

8. A l'expiration des cinq jours de l'envoi des lettres, s'il n'est parvenu à la chambre aucun renseignement défavorable sur le candidat, elle lui fera subir un examen pour juger de sa capacité, ensuite elle délibérera sur l'effet du renvoi par le tribunal.

9. Si la chambre consultée est d'avis que le candidat a les qualités requises pour exercer les fonctions de commissaire-priseur, il lui sera délivré expédition en forme de la délibération, pour être fournie, avec les pièces par lui produites, au tribunal civil de première instance.

10. Aussitôt que le candidat aura obtenu sa nomination, il en justifiera à la chambre, qui en tiendra registre. Elle nommera deux de ses membres pour, avec le présentateur, l'assister à sa prestation de serment.

11. Le dimanche qui suivra la prestation de serment, le candidat recevra des mains du président, au nom de la compagnie, *l'investiture de la ceinture*, dans la grande salle d'assemblée, en présence des membres qui s'y trouveront.

12. Lorsqu'il y aura des *investitures*, il sera écrit des lettres d'invitation à tous les membres de la compagnie, qui ne pourront s'y rendre *qu'en habit*

noir, ainsi qu'aux assemblées convoquées et à celles du premier dimanche du mois.

13. La chambre pourra néanmoins abréger les formalités et délais ci-dessus, dans le cas de décès ou de maladie grave d'un commissaire-priseur, et dans le cas où ce serait un fils qui se présenterait pour succéder à son père, dont la bonne réputation aurait précédé la présentation.

14. La délibération du 5 ventôse an X est rapportée, en ce qui n'est pas compris au présent arrêté.

————

(15 JANVIER 1805.)

Loi contenant des mesures relatives au remboursement des cautionnements fournis par les commissaires-priseurs, greffiers, huissiers, notaires, courtiers, etc.

Art. 1er. Les cautionnements fournis par les agents de change, les courtiers de commerce, les avoués, greffiers, huissiers, et les *commissaires-priseurs*, sont, comme ceux des notaires (art. 23 [1] de la loi du 25 ventôse an XI, 16 mars 1803),

[1] Art. 23. Les notaires ne pourront également, sans l'ordonnance du président du tribunal de première instance, délivrer expédition ni donner connaissance des actes à d'autres qu'aux personnes intéressées en nom direct, héritiers ou ayants droit, à peine des dommages-intérêts, d'une amende de cent francs, et d'être, en cas de récidive, suspendus de leurs fonctions pendant trois mois ; sauf néanmoins l'exécution des lois et règlements sur le droit d'enregistrement, et de celles relatives aux actes qui doivent être publiés dans les tribunaux.

affectés, par premier privilége, à la garantie des condamnations qui pourraient être prononcées contre eux, par suite de l'exercice de leurs fonctions; par second privilége, au remboursement des fonds qui leur auraient été prêtés pour tout ou partie de leur cautionnement, et subsidiairement au payement, dans l'ordre ordinaire, des créances particulières qui seraient exigibles sur eux.

2. Les réclamants, aux termes de l'article précédent, seront admis à faire, sur ces cautionnements, des oppositions motivées, soit directement à la caisse d'amortissement, soit au greffe des tribunaux dans le ressort desquels les titulaires exercent leurs fonctions; savoir, pour les notaires, *commissaires-priseurs*, avoués, greffiers et huissiers, au greffe des tribunaux civils; et pour les agents de change et courtiers, au greffe des tribunaux de commerce.

3. L'original des oppositions faites sur les cautionnements, soit à la caisse d'amortissement, soit au greffe des tribunaux, y restera déposé pendant vingt-quatre heures, pour y être visé.

4. La déclaration au profit des prêteurs des fonds de cautionnement, faite à la caisse d'amortissement à l'époque de la prestation, tiendra lieu d'opposition pour leur assurer l'effet du privilége du second ordre, aux termes de l'art. 1er.

5. Les notaires, avoués, greffiers et huissiers

près les tribunaux, ainsi que les *commissaires-priseurs*, seront tenus, avant de pouvoir réclamer leur cautionnement à la caisse d'amortissement, de déclarer au greffe du tribunal dans le ressort duquel ils exercent, qu'ils cessent leurs fonctions. Cette déclaration sera affichée dans le lieu des séances du tribunal, pendant trois mois : après ce délai, et après la levée des oppositions directement faites à la caisse d'amortissement, s'il en était survenu, leur cautionnement leur sera remboursé par cette caisse, sur la présentation et le dépôt d'un certificat du greffier, visé par le président du tribunal, qui constatera que la déclaration prescrite a été affichée dans le délai fixé; que, pendant cet intervalle, il n'a été prononcé contre eux aucune condamnation pour fait relatif à leurs fonctions, et qu'il n'existe au greffe du tribunal aucune opposition à la délivrance du certificat, ou que les oppositions survenues ont été levées.

6. Les agents de change et courtiers de commerce seront tenus de remplir les formalités ci-dessus devant les tribunaux de commerce; ils feront en outre afficher, pendant le même délai, la déclaration de la cessation de leurs fonctions à la Bourse près de laquelle ils les exercent, et ils produiront à la caisse d'amortissement le certificat du syndic de cette Bourse, relatif à l'affiche de leur démission, joint au certificat du greffier, visé

par le président du tribunal, motivé ainsi qu'il est prescrit par l'article précédent.

7. Seront assujettis aux mêmes formalités, pour la notification de la vacance, ceux qui seront destitués, et les héritiers de ceux qui seront décédés dans l'exercice de leurs fonctions.

(21 FÉVRIER 1805.)

Extrait de la loi relative aux finances de l'an XIII.

20. Le cautionnement des notaires, tel qu'il a été fixé en exécution de la loi du 25 ventôse an XI, est porté au double pour les notaires de la ville de Paris, et au tiers en sus de la fixation actuelle pour ceux des autres villes des départements.

22. Les cautionnements fournis par les greffiers et huissiers des tribunaux, ainsi que par les greffiers des justices de paix, en exécution des lois des 27 ventôse an VIII et 28 floréal an X, sont pareillement portés au tiers en sus de la fixation actuelle.

23. Le cautionnement des commissaires-priseurs établis à Paris est porté de dix mille francs à vingt mille francs.

(27 JUILLET 1805.)

Extrait du Décret contenant règlement général sur l'organisation et les opérations du Mont-de-Piété de Paris (¹).

TITRE I. — CHAPITRE IV.

Des appréciateurs.

30. Des commisseurs-priseurs du département de la Seine seront attachés spécialement, sous le titre d'*appréciateurs*, à l'établissement du mont-de-piété.

31. Le nombre de ces appréciateurs sera proposé par le Conseil de l'administration, et fixé par le ministre de l'intérieur, sur l'avis du préfet du département. Ils seront nommés par le ministre de l'intérieur, sur l'avis du préfet du département de la Seine et sur la présentation en nombre triple faite par la Chambre des commissaires-priseurs.

32. Les appréciateurs seront chargés, en cette qualité, de faire l'appréciation des objets offerts en nantissement, tant au chef-lieu que dans les succursales.

(¹) Les lettres-patentes du 9 décembre 1777, portant établissement à Paris d'un Mont-de-Piété, déclarent, article cinq, que l'évaluation des objets empruntés sera déterminée par des appréciateurs qui seront choisis dans la communauté des huissiers-commissaires-priseurs du Châtelet de Paris, laquelle sera garante des évaluations et percevra des emprunteurs, à l'instant du prêt, pour droit de prisée, un denier pour livre du montant de la somme prêtée.

33. Ils seront aussi chargés, en qualité de commissaires-priseurs, de procéder, lorsqu'il y aura lieu, aux ventes mobilières, dont les formalités seront indiquées ci-après, au titre II du présent règlement.

34. La compagnie des commissaires-priseurs sera garante envers l'administration des suites de leurs estimations.

35. En conséquence, lorsqu'à défaut de dégagement, il sera procédé à la vente d'un nantissement, si le produit de cette vente ne suffit pas pour rembourser au mont-de-piété le principal, les intérêts et droits à lui dus et par lui avancés sur la foi de l'estimation faite par les commissaires-priseurs, la compagnie des commissaires-priseurs sera tenue d'y pourvoir et de compléter la différence.

TITRE II. — CHAPITRE II.

§ 2. De l'appréciation.

51. L'appréciation des objets offerts en nantissement au mont-de-piété se fera, ainsi qu'il a été dit chapitre IV, titre Ier du présent règlement, par des commissaires-priseurs.

52. Il sera alloué aux commissaires-priseurs, pour vacations de prisée, un droit déterminé par la quotité sur le montant en principal du prêt fait en conséquence de leur estimation.

53. Ce droit se réglera au commencement de

l'année, pour toute l'année, par le conseil d'administration. Il ne pourra être porté au delà d'un
demi-centime pour franc du principal du prêt. Il
s'emploiera dans la dépense comme frais de régie.
La fixation du droit sera soumise à la confirmation du ministre, sur l'avis du préfet du département.

§ 6. Des ventes de nantissement.

71. Les effets donnés en nantissement, qui, à
l'expiration du terme stipulé dans la reconnaissance délivrée à l'emprunteur, n'auront pas été
dégagés, seront vendus pour le compte de l'administration, jusqu'à concurrence de la somme
qui lui sera due : sauf, en cas d'excédant, à en
faire état à l'emprunteur.

72. Dans aucun cas, et sous aucun prétexte,
il ne pourra être exposé en vente, au mont-de-
piété, des effets autres que des effets qui y auront
été mis en nantissement dans les formes voulues
par le présent règlement.

73. Les ventes se feront à la diligence du directeur-général, d'après un rôle ou état sommaire,
par lui dressé, des nantissements non dégagés, lequel état sera préalablement rendu exécutoire
par le président du tribunal de première instance
du département de la Seine, ou par l'un des juges
du même tribunal à ce commis.

74. Lorsque des nantissements entièrement

composés ou même seulement garnis d'or et d'argent se trouveront compris dans le rôle de vente, dressé en exécution de l'article précédent, il en sera donné avis aux contrôleurs de la régie des droits de marque, en service pour le mont-de-piété, avec invitation de venir procéder à la vérification desdits nantissements.

75. Les contrôleurs de la régie se transporteront, à cet effet, au dépôt des ventes du mont-de-piété, et formeront, après vérification, l'état de ceux desdits nantissements d'or et d'argent qui, n'étant pas revêtus de l'empreinte de garantie, ne pourront être délivrés qu'après l'avoir reçue; sauf néanmoins l'exception dont il sera parlé ultérieurement, art. 87, au présent paragraphe.

76. Les ventes au mont-de-piété seront annoncées au moins dix jours d'avance par affiches publiques, ou même, lorsqu'il y aura lieu, par catalogues imprimés et distribués, avis particuliers et exposition publique des objets à mettre en vente.

77. Toute affiche ou annonce contiendra l'indication tant des numéros des divers articles à vendre, que de la nature des effets et des conditions de la vente.

78. Les oppositions formées à la vente d'effets déposés en nantissement au mont-de-piété, n'empêcheront pas que ladite vente n'ait lieu, et même sans qu'il soit besoin d'y appeler l'oppo-

sant, autrement que par la publicité des annonces, et sauf d'ailleurs audit opposant à faire valoir ses droits, s'il y a lieu, sur l'excédant ou boni restant net du prix de la vente, après l'entier acquittement de la somme due au mont-de-piété.

79. Les ventes au mont-de-piété se feront par le ministère des commissaires-priseurs de l'établissement, assistés des crieurs choisis et payés par lesdits commissaires.

80. Il sera alloué aux commissaires-priseurs, pour vacations et frais de vente, un droit réglé par quotité sur le montant du produit des ventes.

81. Ce droit sera fixé par le conseil d'administration, au commencement de chaque année, pour toute l'année, sauf la confirmation du ministre, sur l'avis du préfet du département.

82. Le droit pour vacations et frais de ventes, alloué aux commissaires-priseurs, sera à la charge des acheteurs : il sera ajouté par chacun d'eux, en proportion de son achat, au prix d'adjudication.

83. La délibération du conseil, contenant fixation de ce droit, sera affichée dans la salle des ventes.

84. Indépendamment du droit ordinaire mentionné dans les articles précédents, il sera perçu, pour les ventes des nantissements qui ont exigé une annonce extraordinaire par catalogues im-

primés, avis particuliers et exposition publique, un droit d'un pour cent du produit de la vente.

85. Ce droit sera perçu au profit de l'établissement : il sera, comme le précédent, à la charge de l'adjudicataire, et en sus du prix de son adjudication.

86. Tout adjudicataire sera tenu de payer comptant le prix total de son adjudication et frais accessoires; à défaut de ce payement complet, l'effet adjugé est remis en vente à l'instant même, aux risques et périls de l'adjudicataire, et sans autres formalités qu'une interpellation verbale à lui adressée par le commissaire-priseur vendeur, de payer actuellement la somme due.

87. Les effets adjugés, même ceux composés ou garnis d'or ou d'argent non empreints de la marque de garantie, mais que l'adjudicataire consentira à faire briser et mettre hors de service, seront remis audit adjudicataire aussitôt qu'il en aura payé le prix.

88. Quant à ceux desdits effets d'or et d'argent non empreints de la marque de garantie, que l'adjudicataire désirera conserver dans leur forme, ils seront provisoirement retenus pour être présentés au bureau de garantie, et n'être remis audit adjudicataire qu'après l'acquittement par lui fait des droits particuliers dus à la régie.

89. Les procès-verbaux de ventes, et tous les actes qui y seront relatifs seront dressés, comme

tous autres actes de régie du mont-de-piété, sur des registres non timbrés, et exempts du droit d'enregistrement.

90. A la fin de chaque vacation de vente, le commissaire-priseur vendeur en versera le produit entre les mains du garde du dépôt des ventes, qui, à son tour, sera chargé d'en compter, au plus tard dans les trois jours, au caissier de l'établissement.

91. A la vue desdits registres et actes qui resteront, sans pouvoir en être déplacés, au bureau du dépôt des ventes, se formera, pour chaque article d'engagement, le compte du déposant emprunteur.

92. Ce compte se composera, d'une part, du produit de la vente; de l'autre, de la somme due par le déposant emprunteur, tant en principal qu'intéréts et droits, et indiquera pour résultat, soit l'excédant ou boni dont il y a lieu de faire état au déposant emprunteur, soit le déficit à sup porter par les commissaires-priseurs, conformément à l'art. 34 du chap. iv du titre Ier du présent décret, soit enfin la balance exacte des diverses parties du compte.

(1er NOVEMBRE 1805.)

Décret impérial relatif aux vacations.

ART. 1er. Tous les officiers ayant droit d'apposer les scellés, de les reconnaître et de les lever, de rédiger des inventaires, de faire des ventes ou autres actes dont la confection peut exiger plusieurs séances, sont tenus d'indiquer à chaque séance l'heure du commencement et celle de la fin.

2. Toutes les fois qu'il y aura interruption dans l'opération avec renvoi à un autre jour ou à une autre heure de la même journée, il en sera fait mention dans l'acte que les parties et les officiers signeront sur-le-champ pour constater cette interruption.

3. Le procès-verbal est sujet à l'enregistrement dans le délai fixé par la loi (¹).

4. Le droit d'enregistrement, fixé à deux francs par vacation, est exigible par vacation, dont aucune ne peut excéder quatre heures.

(¹) Il n'est pas nécessaire, pour procéder à une vacation, que le procès-verbal des vacations précédentes soit enregistré ; il suffit que chacun de ces procès-verbaux soit enregistré dans le délai voulu par la loi. Cass., 4 décembre 1811.

(23 janvier 1806.)

Décision du directeur-général de la régie sur les successions en déshérence et les successions vacantes, adoptée par les ministres de la justice et des finances.

§ 1er. Moyens de distinguer les successions en déshérence des successions vacantes.

Les dispositions du Code civil, transmises par l'instruction (de la régie), n° 219, établissent entre les *successions en déshérence* et les *successions vacantes* une distinction que l'on a fait remarquer par cette instruction; mais, soit que des préposés n'y aient pas fait assez d'attention, ou qu'ils aient été déterminés par quelques expressions des circulaires des 10 prairial et 12 messidor an VI, numéros 1281 et 1306, ils ont confondu ces deux espèces de successions, et il en est résulté des irrégularités. Il sera facile de les rectifier et de prévenir de semblables erreurs, en ne perdant pas de vue les observations suivantes.

Suivant ce Code, la *succession en déshérence* est celle qui est acquise à l'État, lorsque le défunt ne laisse ni parents au degré successible, ni enfants naturels, ni conjoints survivants non divorcés (767 et 768).

Et la *succession* est réputée *vacante* lorsqu'après l'expiration des délais pour faire inventaire (trois mois suivant l'art. 795), et pour délibérer (quarante jours après, même article 795), *il ne se présente personne pour réclamer la succession*, qu'il *n'y a pas d'héritiers connus*, ou que *les héritiers connus y ont renoncé* (811).

Il est clair, d'après ces dispositions, que l'absence des héritiers ou leur renonciation n'autorise pas les préposés à se présenter au nom de l'Etat pour recueillir une succession, puisque, dans ce cas, elle est *vacante*, et non pas *en déshérence;* mais qu'il faut, pour agir régulièrement, qu'il soit constaté que l'Etat est appelé, parce qu'il n'y a ni héritiers successibles, ni enfants naturels, ni époux survivant non divorcé, comme le Code le porte. Hors ce cas, le directeur-général recommande expressément aux préposés de ne point requérir en leur nom l'apposition des scellés sur aucune succession délaissée par un Français. Ceux qui contreviendraient à cet ordre compromettraient leur responsabilité.

§ 2. Successions en déshérence ouvertes depuis le Code.

L'Etat ne recueillant ces successions que sous bénéfice d'inventaire, il n'y a aucun inconvénient à faire les actes nécessaires pour les réclamer, lorsque la déshérence est constatée, sans s'occuper si l'actif est ou n'est pas inférieur au passif, et les préposés ne sont pas autorisés à s'abstenir ni à renoncer.

Ainsi, lorsqu'ils seront parvenus à constater qu'une succession est ouverte *en déshérence*, ils requerront le juge de paix d'apposer les scellés, si cette précaution n'a déjà été prise. Ils examineront quels sont les actes conservatoires qu'il serait utile de faire, et ils donneront connaissance de tous ces faits à leur directeur, ainsi que des motifs qui peuvent autoriser la demande d'envoi en possession, qui doit être faite au tribunal dans le ressort duquel la succession est ouverte, conformément à l'art. 770.

Si le directeur pense que cette demande est fondée, il adressera à ce tribunal un mémoire dans lequel il conclura, 1° à être autorisé à faire apposer des affiches dans le ressort du tribunal, à trois mois d'intervalle de l'une à l'autre; 2° à faire faire inventaire et tous les autres actes qu'il désignera, et qui seront nécessaires pour la conservation de la régie des biens; 3° à ce qu'il soit statué de suite sur ces deux propositions, et qu'expédition des jugements à intervenir soit adressée à S. E. le grand-juge pour en ordonner l'insertion dans le journal officiel (*Moniteur*); 4° enfin à ce que l'envoi en possession soit prononcé un an après le premier jugement.

Quelle que soit la détermination du tribunal, le directeur en prescrira l'exécution; sauf à en rendre compte à l'administration, s'il croit que les intérêts de l'Etat sont lésés.

Le directeur veillera à ce que, pendant l'année qui s'écoulera entre le premier jugement et celui d'envoi en possession, il ne soit fait aucun acte translatif de jouissance d'usufruit ou de propriété de meubles ou d'immeubles avant que le tribunal ne l'ait ordonné.

Quant à la régie, à la recette, ainsi qu'au payement des dépenses et des créances, le directeur-général se réfère à l'instruction n° 219, et au 6e parag. ci-après.

§ 3. Successions vacantes ouvertes depuis le Code.

Il résulte des observations qui précèdent que toute succession *d'un Français* qui n'est pas recueillie par des héritiers, ses enfants naturels ou le conjoint survivant non divorcé, et qui ne peut l'être par l'Etat *à titre de déshérence*, *doit être réputée vacante.*

Suivant les dispositions du Code civil et les explications transmises par les instructions n°s 219 et 267, un curateur doit être nommé pour administrer, et toutes les sommes sont versées entre les mains du receveur placé près le tribunal de première instance dans l'arrondissement duquel la succession est ouverte : ce receveur acquitte toutes les dépenses, à l'exception néanmoins des créances qui sont payables sur le prix des adjudications par expropriation forcée, et des ventes judiciaires, l'excédant étant seul, dans ce cas, susceptible d'être versé, d'après l'instruction n° 267, et des décisions particulières du grand-juge et du ministre des finances.

Mais plusieurs curateurs aux successions vacantes ayant négligé de verser des prix de ventes qu'ils avaient mal à propos reçus, le grand-juge à écrit au ministre des finances, le 29 germinal an XIII, en ces termes : « J'ai eu l'honneur de vous mander, « dans mes précédentes lettres, que le versement « à faire par les curateurs était ordonné d'une « manière si précise par l'art. 813 du Code civil, « que les receveurs des domaines ne devraient « pas balancer à faire des poursuites nécessaires « contre les curateurs en retard de l'effectuer : « j'ai observé seulement que cette disposition ne « paraissait point applicable aux ventes sur « expropriation forcée et autres ventes judiciaires « faites dans les formes requises, et j'en ai donné « pour motif qu'il n'y était question que des cura- « teurs, et nullement des adjudicataires, qui, obli- « gés de payer les créanciers utilement colloqués, « ne pouvaient être tenus de verser dans la caisse « du receveur que ce qui leur restait après les « payements effectués.

« Lors donc que les préposés de l'administra- « tion sont informés que des curateurs gardent « entre leurs mains des fonds plus considérables, « et se chargent de faire des liquidations qui ne « les concernent en aucune manière, ils ont un « moyen bien simple, c'est de *les traduire devant les* « *tribunaux et de mettre les procureurs du gouvernement* « *à portée de requérir contre eux l'exécution de la loi.* »

Les receveurs, d'après l'autorisation du directeur, emploieront ce moyen, sans le moindre retard, contre tous les curateurs qui auraient négligé de verser des sommes provenant des successions vacantes; ils se conformeront d'ailleurs aux deux instructions ci-dessus rappelées, et au sixième paragraphe ci-après quant au payement des frais d'opposition de scellés et autres.

§ 4. Successions vacantes régies mal à propos comme successions en déshérence, et *vice versâ*.

Si une succession vacante a été mal à propos considérée comme ouverte *en déshérence*, aussitôt que le tribunal, ayant égard aux réclamations faites contre cette erreur, aura nommé un curateur, le receveur lui remettra copie du compte ouvert, tenu pour cette succession, fera sur ses registres et sommiers, pour ordre, les mentions nécessaires à l'effet d'indiquer que les recettes et dépenses concernent une succession vacante, et se bornera à recevoir et à payer, conformément à l'art. 813.

Si, au contraire, une succession *ouverte en déshérence* avait été mal à propos considérée comme une succession vacante, le préposé la réclamerait, en se conformant au deuxième paragraphe ci-dessus; et, dans ce cas, le directeur demandera au tribunal que le curateur soit tenu de cesser toute régie, et de rendre compte de sa gestion au receveur des domaines placé près le tribunal; celui-ci fera, par ordre, sur ses registres et sommiers, les mentions nécessaires pour rectifier l'erreur.

§ 5. Successions vacantes ouvertes avant le Code.

Le grand-juge et le ministre des finances ont décidé que les curateurs aux successions vacantes *ouvertes avant* le Code civil, qui auraient fait des recettes, seront contraints d'en rendre compte, et d'en verser le reliquat entre les mains du receveur des domaines *placé près le tribunal de l'ouverture de la succession,* et qu'il leur est interdit de faire aucune recette et d'acquitter aucune dépense. Le motif de cette décision est que, quoique le Code civil ne parle pas des successions ouvertes avant sa promulgation, il leur est néanmoins applicable, puisqu'il ne s'agit que d'une mesure d'administration qui doit être uniforme, que l'intérêt public réclame, et qui n'a d'autre objet que d'assurer la conservation des successions, et de prévenir les inconvénients qui pourraient résulter de la mauvaise foi des curateurs ou de leur insolvabilité.

Chaque receveur des domaines placé près le tribunal donnera connaissance de la décision ci-dessus, à chacun des curateurs aux successions vacantes, en les invitant à s'y conformer dans huitaine; et, s'ils le négligent, le receveur, après s'y être fait autoriser par son directeur, les traduira devant le tribunal, ainsi qu'il est indiqué par la lettre du grand-juge, du 29 germinal an XIII, rapportée 3e paragraphe ci-dessus.

Les employés supérieurs s'occuperont aussi de la recherche de ces successions, et de l'entière exécution de la décision du ministre; ils en rendront compte par leurs journaux de travail.

§ 6. Payement des frais d'apposition de scellés et autres.

Les instructions nos 219 et 273 ont indiqué comment le payement de frais doit être effectué, et leur exécution ne peut faire naître aucune difficulté lorsque le produit des successions est suffisant pour les acquitter; mais l'État n'étant tenu de payer que jusqu'à concurrence de ce qu'il a reçu, on a demandé quelle était la marche à suivre lorsque ce produit est insuffisant.

Il faut, s'il y a insuffisance, distinguer deux cas : ou la somme recouvrée égale ou excède le montant des frais privilégiés, ou elle est inférieure. Dans le premier, les frais privilégiés qui sont ceux désignés dans le chap. ii du tit. XVIII, liv. III, du Code civil, sont payés de préférence, et le trésor public exerçant son privilége est indemne; le surplus est acquitté aux autres créanciers, suivant leurs droits réglés par ce titre. Dans le second cas, et lorsque le produit serait insuffisant pour acquitter les frais d'inhumation du décédé et de conservation des biens qu'il aurait laissés, voici ce qui a été décidé : les actes de séparation, d'apposition et de levée de scellés, ainsi que les inventaires, seront faits *sans frais ;* les honoraires de l'officier public qui aura procédé à la vente des meubles seront payés sur son produit, ou y seront réduits ; les frais d'inhumation seront ensuite prélevés sur le restant du produit de la vente, s'il y en a ; et, s'il n'y en a pas, ils seront à la charge du trésor public : enfin, dans ce cas, les droits d'enregistrement et de timbre portés en recette *en débet,* ne seront pas réclamés.

Ces mesures exigent que le receveur s'assure de la force des successions en déshérence ou vacantes, et qu'il fournisse les renseignements nécessaires au tribunal, pour qu'il ne délivre des ordonnances que jusqu'à concurrence des recettes effectives, et suivant l'ordre des priviléges indiqués par le Code. (Instr. de la régie, du 5 mars 1806.)

§ 7. Formes à suivre, soit pour accepter les *successions vacantes,* soit pour en administrer les biens et en acquitter les charges.

Ces formes ont été réglées par une décision du ministre des finances.

S. E. le grand-juge a recommandé l'exécution de cette décision par une circulaire adressée le 8 juillet 1806, à MM. les procureurs-généraux des Cours d'appel et procureurs du gouvernement des tribunaux de première instance.

Voici le texte de cette circulaire :

« Le ministre des finances m'a communiqué,

monsieur, les observations qui lui avaient été adressées par le directeur-général de l'enregistrement sur les successions vacantes et sur les formes à suivre, soit pour les accepter, soit pour en administrer les biens et en acquitter les charges. Je les ai toutes approuvées, parce qu'elles m'ont paru conformes à la lettre et à l'esprit de la loi. Il a, en conséquence, pris une décision à laquelle les tribunaux doivent se conformer, et dont voici les principaux articles : — Les préposés des domaines ne doivent s'immiscer dans aucune succession, que quand l'État est appelé à les recueillir à défaut de parents successibles, d'enfants naturels ou d'époux non divorcés (art. 1er). — Quand le gouvernement est appelé à une succession par droit de déshérence, ils ne peuvent ni y renoncer ni s'abstenir de la recueillir (art. 2). — Le premier acte du tribunal, sur la demande d'envoi en possession, sera inséré dans le *Moniteur*; les trois affiches qui doivent précéder le jugement d'envoi en possession seront apposées dans le ressort du tribunal de l'ouverture de la succession, de trois mois en trois mois; le jugement d'envoi en possession ne sera prononcé qu'un an après la demande, et jusqu'à ce jugement, aucun acte translatif de jouissance ou de propriété ne sera fait qu'après avoir été ordonné par le tribunal (art. 3). — Quand le produit d'une succession vacante ou en déshérence sera insuffisant pour acquitter les frais d'inhumation du décédé et de conservation des biens, les actes de sépulture, apposition et levée de scellés, et les inventaires seront faits sans frais; les honoraires de l'officier public qui aura procédé à la vente seront payés sur son produit ou y seront réduits. Les frais d'inhumation seront acquittés sur le prix de la vente, ou demeureront, s'il est insuffisant, à la charge du domaine, et, dans le même cas, les droits d'enregistrement ne seront pas acquittés (art. 4). — Si les biens provenant d'une succession vacante ont été mal à propos régis, comme s'ils provenaient d'une succession en déshérence, le receveur remettra au curateur, qui sera nommé par le tribunal, copie du compte ouvert qu'il aura tenu pour cette succession. Il fera, sur ses registres et sommiers, les mentions nécessaires pour indiquer que les recettes et dépenses proviennent d'une succession vacante, et ensuite il se bornera à recevoir et à payer, conformément à l'art. 813 (art. 5). — Les curateurs aux successions vacantes ouvertes avant ou après la publication de la loi sur les successions, qui auraient fait des recettes, seront contraints d'en rendre compte et d'en verser le reliquat entre les mains du receveur des domaines du lieu de l'ouverture de la succession, et il leur sera interdit pour l'avenir de faire aucune recette ni aucune dépense. (art 6). — Ces différentes dispositions ne m'ont rien présenté

que de juste. — La première est évidemment
fondée sur les articles 767 et 768, qui déterminent d'une manière précise le cas où une succession appartient au domaine. — La prohibition
contenue dans la seconde ne présente aucune
sorte d'inconvénient : l'acceptation de ces successions ne pouvant avoir lieu que sous bénéfice
d'inventaire, il n'en peut résulter aucun préjudice pour le trésor public, tandis que beaucoup
d'abus pourraient naître de l'abstention ou de la
renonciation arbitraire des préposés de la régie.
—La troisième est une conséquence immédiate de
l'art. 770. Les formalités qu'elle indique paraissent suffisantes pour remplir le but de la loi, et
pour mettre ceux qui peuvent avoir des droits
sur ces successions à portée de les exercer. — La
quatrième est une mesure d'équité à laquelle on
ne peut qu'applaudir. Le domaine public, profi-
tant des successions en déshérence ou vacantes
lorsqu'elles sont avantageuses, il est juste qu'en
compensation il supporte les charges de celles
dont les produits sont nuls. — Enfin, je ne vois
dans les deux dernières que l'exécution littérale
de l'art. 813. A la vérité, le Code ne parle pas des
successions ouvertes avant qu'il fût promulgué.
Mais il s'agit ici d'une mesure d'administration
qui doit être uniforme, et que l'intérêt public réclame, puisqu'elle n'a d'autre objet que d'assurer
la conservation des successions et de prévenir les

inconvénients qui pourraient résulter de la mauvaise foi des curateurs ou de leur insolvabilité. »
(8 juillet 1808. Ministère du grand-juge.)

———

(29 AVRIL 1806.)

Ordonnance de police concernant les brocanteurs
et les ventes publiques.

Le conseiller d'État, etc.; — Vu les art. 2, 10 et 32 de l'arrêté du 12 messidor an VIII; — Et l'art. 5 de la loi du 27 ventôse an IX, *portant établissement des commissaires-priseurs vendeurs de meubles à Paris;* — Ordonne ce qui suit :

Art. 1. Les permissions accordées aux brocanteurs, en exécution de l'ordonnance du 4 germinal an X, sont et demeurent annulées.

2. Les brocanteurs qui ont obtenu lesdites permissions et qui voudront les faire renouveler pour continuer d'exercer leur état, se feront enregistrer à la préfecture de police avant le 1er juin prochain.

3. Ceux qui n'ont point encore exercé l'état de brocanteur et qui voudront l'exercer à l'avenir, devront préalablement en obtenir la permission, à peine de confiscation de leurs marchandises et de 10 francs d'amende. (*Déclaration du 29 mars 1778.*)

Ces permissions seront présentées au commissaire de police de la division du domicile, qui y apposera son *visa*.

4. Il ne sera accordé de permission qu'à ceux qui sauront lire et écrire et qui justifieront de leur domicile à Paris depuis un an ; d'un certificat du bureau de bienfaisance, constatant qu'ils n'ont pas d'autre moyen d'existence; d'un certificat de bonne conduite signé de deux membres du même bureau ou de trois témoins dont les signatures seront légalisées par le commissaire de police, qui donnera aussi son avis.

5. Les brocanteurs représenteront leur permission aux commissaires de police, aux commissaires-priseurs, aux officiers de paix et aux préposés de la préfecture, toutes les fois qu'ils en seront requis.

6. Ils continueront de porter ostensiblement une plaque de cuivre indicative de leur état et du numéro de leur permission.

7. Il est défendu aux brocanteurs de vendre ou prêter à qui que ce soit leur plaque ou leur permission. — Ceux qui n'auront pas obtenu le renouvellement de leur permission, ou qui abandonneront volontairement leur état, déposeront leur plaque à la préfecture de police.

8. Les brocanteurs continueront aussi d'avoir un registre et d'y inscrire jour par jour, et sans aucun blanc ni rature, les objets qu'ils vendent ou achètent. — Ce registre doit être sur papier

timbré, et coté et paraphé par un commissaire de police. (*Ordonnance du 8 novembre* 1780.)

9. Il est défendu aux brocanteurs d'acheter ou vendre des marchandises neuves, ni des matières d'or et d'argent autres que de vieux galons ou vieilles hardes brodées ou tissues d'or et d'argent. (*Déclaration du 29 mars* 1778.)

10. Il est également défendu aux brocanteurs d'acheter de personnes dont les noms et domiciles leur sont inconnus ; de celles qui sont sous la puissance d'autrui et des enfants ou domestiques, sans un consentement par écrit des pères, mères, tuteurs ou maîtres, à peine de 400 francs d'amende et de répondre, e.. leur propre et privé nom, des effets volés. (*Ordonnance du 8 novembre* 1780.)

11. Les brocanteurs pourront se réunir tous les jours dans l'enclos du Temple, et tous les dimanches, jusqu'à midi, sur le quai de Gèvres, *entre les bornes et le trottoir.* — Il leur est défendu de se rassembler ailleurs, notamment dans les rues de la Ferronnerie, Saint-Honoré, des Arcis et du Temple.

12. Les brocanteurs sont tenus de porter leurs marchandises à découvert.

Il leur est défendu de s'arrêter dans les rues.

13. *Les brocanteurs, les fripiers et tous autres marchands, fréquentant habituellement les ventes publiques, seront tenus de laisser un libre accès aux particuliers qui*

se présenteront pour enchérir. — Ils ne pourront s'emparer exclusivement du devant des tables, et il leur est fait défense de dépriser les objets exposés en vente. (Arrêt du 24 mai 1787.)

14. *Il est défendu aux fripiers, brocanteurs et autres, fréquentant les ventes publiques, de former aucune association pour se faire adjuger les objets mis en vente,* et de lotir, revider ou revendre *entre eux les marchandises, meubles et effets dont ils se seront rendus adjudicataires, à peine de 500 francs d'amende et de confiscation des marchandises et effets.* (Arrêt du 24 mai 1787.)

15. *En cas de troubles, rixes ou émeutes, les commissaires-priseurs, chargés par l'article 5 de la loi du 27 ventôse an IX de la police dans les ventes, feront arrêter et conduire les délinquants à la préfecture de police.*

Ils pourront, en cas de besoin, requérir l'assistance d'un commissaire de police.

16. L'ordonnance du 4 germinal an X continuera de recevoir son exécution en tout ce qui n'y est pas dérogé par la présente.

17. Les contraventions seront constatées par des procès-verbaux qui seront adressés au préfet de police.

18. Il sera pris envers les contrevenants telles mesures de police administrative qu'il appartiendra, sans préjudice des poursuites à exercer contre eux par-devant les tribunaux.

19. La présente ordonnance sera imprimée, *publiée* et affichée. — Elle sera notifiée aux membres de la chambre des commissaires-priseurs. —

Les commissaires de police, l'inspecteur-général du quatrième arrondissement de la police générale de l'empire, les officiers de paix, et tous les préposés de la préfecture de police sont chargés de tenir la main à son exécution.

(18 SEPTEMBRE 1806.)

Décret sur le mode de remboursement des cautionnements des titulaires décédés ou interdits.

Art. 1er. La caisse d'amortissement est autorisée à rembourser les cautionnements des titulaires décédés ou interdits, aux héritiers et ayants droit, sur simple rapport, — 1° du certificat d'inscription ou des titres constatant le payement du cautionnement; 2° des certificats de *quitus*, d'affiche et de non-opposition prescrits par les lois des 25 nivôse et 6 ventôse an XIII; 3° et d'un certificat ou d'un acte de notoriété, contenant les noms, prénoms et domiciles des héritiers et ayants droit, la qualité en laquelle ils procèdent et possèdent, l'indication de leurs portions dans le cautionnement à rembourser et l'époque de leur jouissance. — Ce certificat devra être délivré par le notaire détenteur de la minute, lorsqu'il y aura eu inventaire ou partage par acte public, ou transmission gratuite à titre entre-vifs ou par testament; — Il le sera par le juge de paix du domicile du décédé, sur l'attestation de deux témoins, lorsqu'il n'existera aucun desdits actes en forme authentique. — Si la propriété est constatée par jugement, le greffier dépositaire de la minute délivrera le certificat.

2. Ces certificats seront assujettis au simple droit d'enregistrement d'un franc, devront être légalisés par le président du tribunal de première instance, et conformes au modèle annexé au présent décret.

MODÈLE DE CERTIFICAT A DÉLIVRER PAR UN GREFFIER.

Je soussigné (nom, prénoms), *greffier du tribunal de..., département de..., certifie,*

Conformément au décret impérial du..., que par jugement dudit tribunal, en date du... tel ou tels (nom, prénoms et qualité), *a ou ont été déclarés propriétaires du cautionnement fourni par le sieur* (nom, prénoms et qualité), *et que ledit... ou lesdits... a ou ont seuls droit de recevoir le remboursement dudit cautionnement en capital ou intérêts.*

Fait à...

NOTA. Ce certificat énoncera la portion afférente à chacun des ayants droit; la qualité dans laquelle cette portion lui est dévolue; si c'est comme héritier donataire, légataire ou créancier. Il contiendra les noms des tuteurs, des mineurs, s'il en existe, et enfin il devra être légalisé par le président.

MODÈLE DE CERTIFICAT A DÉLIVRER PAR UN JUGE DE PAIX.

Je soussigné (nom, prénoms), *juge de paix du canton de..., arrondissement de..., département de..., certifie, conformément au décret impérial du* 18 *septembre* 1806, *et sur l'attestation de* (noms, prénoms, qualités et résidences des deux témoins), *que le sieur* (nom, prénoms et qualité du titulaire), *est décédé à..., le..., ab intestat; qu'après son décès, il n'a pas été fait d'inventaire, et que dame..., sa veuve, demeurant à..., ou que tel ou tels* (mettre les noms, prénoms, qualités et résidences), *son seul héritier, ou ses seuls héritiers, est ou sont propriétaires du capital et des intérêts du cautionnement que ledit sieur... a fourni en sadite qualité, et qu'ils ont droit d'en recevoir le remboursement.*

Ce certificat énoncera la portion afférente à chacun des ayants droit; et, s'il y a des mineurs, les noms des tuteurs qui ont droit de toucher pour eux.

NOTA. Ces sortes de certificats de propriété ne doivent et ne peuvent être délivrés par un juge de paix, qu'autant qu'il n'existe aucun acte de transmission de propriété passé devant notaires; s'il en existe, ils doivent être délivrés par les notaires détenteurs des minutes desdits actes. — Ce certificat doit être légalisé.

MODÈLE DE CERTIFICAT DE PROPRIÉTÉ A DÉLIVRER PAR UN NOTAIRE.

Je soussigné (nom, prénoms), *notaire à* (résidence, arrondissement, département), *certifie, conformément*

aux dispositions du décret impérial du (la date), *que*
N. ou NN. (mettre les noms, prénoms, qualités, résidences, arrondissement et département, de tous les
ayants droit), *a ou ont seuls droit de recevoir le capital*
et les intérêts du cautionnement de (nom, prénoms, qualité, résidence, arrondissement et département).

Nota. Il faudra aussi indiquer, lorsqu'il y aura
plusieurs ayants droit, la portion revenant à chacun ; à quel titre il en est propriétaire, soit comme
héritier, comme donataire ou légataire, comme
cessionnaire, soit enfin en vertu d'abandon fait
par le partage de la succession du titulaire décédé ; il sera également nécessaire de relater les
différents actes de transmission de propriété, tels
qu'inventaire, partage, transport, donation et
testament, soit olographe, soit devant notaire.
S'il s'agit d'un testament olographe, on énoncera
que le légataire s'est fait envoyer en possession
de son legs, et on relatera l'ordonnance rendue
par le président du tribunal à l'effet dudit envoi
en possession. — Si le titulaire est décédé céliba-
taire, il en sera fait mention. — Si dans le nombre des ayants droit il y a des tuteurs, soit naturels, soit judiciaires, il faudra les dénommer et
énoncer leurs résidence, arrondissement et département, ensemble les noms et titres des mineurs qu'ils représentent ; il en sera de même
des interdits. — Le notaire terminera son certificat de la manière suivante :

Le tout ainsi qu'il résulte des actes ci-dessus énon-cés, soit inventaire, soit partage, transport, donation ou testament. — Le tout étant en ma possession.

Fait à .....

Ce certificat doit être légalisé par le président du tribunal.

———

(30 MARS 1808.)

**Extrait du Décret contenant règlement pour la police
et la discipline des Cours et Tribunaux.**

102. Les officiers ministériels qui seront en contravention aux lois et règlements pourront, suivant la gravité des circonstances, être punis par des injonctions d'être plus exacts ou circonspects, par des défenses de récidiver, par des condamnations de dépens en leur nom personnel, par des suspensions à temps ; l'impression et même l'affiche des jugements à leurs frais pourront aussi être ordonnées, et leur destitution pourra être provoquée, s'il y a lieu.

103. Dans les Cours et dans les tribunaux de première instance, chaque chambre connaîtra des fautes de discipline qui auraient été commises ou découvertes à son audience. Les mesures de discipline à prendre sur les plaintes des particuliers, ou sur les réquisitoires du ministère public, pour cause de faits qui ne se seraient point passés ou qui n'auraient pas été découverts à l'audience,

seront arrêtées en assemblée générale, à la chambre du conseil, après avoir appelé l'individu inculpé. Ces mesures ne seront point sujettes à l'appel, ni au recours en cassation, sauf le cas où la suspension serait l'effet d'une condamnation prononcée en jugement.

Notre procureur-général rendra compte de tous les actes de discipline à notre grand-juge ministre de la justice, en lui transmettant les arrêtés, avec ses observations, afin qu'il puisse être statué sur les réclamations, ou que la destitution soit prononcée s'il y a lieu.

(12 novembre 1808.)

Loi relative au privilége du Trésor public pour le recouvrement des contributions directes.

Art. 1er. Le privilége du Trésor public, pour le recouvrement des contributions directes, est réglé ainsi qu'il suit, et s'exerce avant tout autre : 1° pour la contribution foncière de l'année échue et de l'année courante, sur les récoltes, fruits, loyers et revenus des biens immeubles sujets à la contribution; 2° pour l'année échue et l'année courante des contributions mobilières, des portes et fenêtres, des patentes, et toute autre contribution directe et personnelle, sur tous les meubles et autres effets mobiliers appartenant aux redevables, en quelque lieu qu'ils se trouvent.

2. Tous fermiers, locataires, receveurs, économes, notaires, commissaire-priseurs, et autres dépositaires et débiteurs de deniers provenant du chef des redevables, et affectés au privilége du trésor public, seront tenus, sur la demande qui leur en sera faite, de payer, en l'acquit des redevables et sur le montant des fonds qu'ils doivent, ou qui sont en leurs mains, jusqu'à concurrence de tout ou partie des contributions dues par ces derniers. Les quittances des percepteurs pour les sommes légitimement dues leur seront allouées en compte.

3. Le privilége attribué au trésor public pour le recouvrement des contributions directes ne préjudicie point aux autres droits qu'il pourrait exercer sur les biens des redevables, comme tout autre créancier.

4. Lorsque, dans le cas de saisie de meubles et autres effets mobiliers pour le payement des contributions, il s'élèvera une demande en revendication de tout ou partie desdits meubles et effets, elle ne pourra être portée devant les tribunaux ordinaires qu'après avoir été soumise, par l'une des parties intéressées, à l'autorité administrative, aux termes de la loi du 5 novembre 1790.

(24 MARS 1809.)

Décret qui prescrit une nouvelle formalité à remplir par les commissaires-priseurs et les huissiers qui réclament le remboursement de leur cautionnement.

. Art. 1er. Les commissaires-priseurs et les huissiers de Paris et des départements qui réclameront le remboursement de leur cautionnement, devront produire, indépendamment des autres pièces exigées d'eux jusqu'à présent, un certificat de quitus du produit des ventes dont ils auront été chargés.

2. Ce certificat leur sera délivré par leur chambre, sur le vu des quittances du produit de toutes les ventes qu'ils ont faites ou du récépissé de consignation des fonds restés entre leurs mains, et il devra être visé par le président ou procureur impérial du tribunal dans le ressort duquel ils exercent.

(21 OCTOBRE 1809.)

Avis du Conseil d'État concernant les comptes et décharges données aux Officiers publics qui ont procédé à des ventes à l'encan d'objets mobiliers.

Le Conseil d'État, qui, d'après le renvoi ordonné par Sa Majesté, a entendu le rapport de la section des finances sur celui du ministre de ce département, relatif aux quittances et décharges données par les parties aux notaires, greffiers, commissaires-priseurs et huissiers qui ont procédé à des ventes à l'encan d'objets mobiliers, et présentant les questions de savoir : — 1° Si l'on peut placer ces décharges sur les minutes des ventes sans contrevenir à l'article 23 de la loi du 13 brumaire an VII (3 novembre 1798), relative au timbre; — 2° Et, dans le cas où ce placement serait permis, si l'officier public est tenu de faire enregistrer les décharges ainsi données dans le délai accordé par la loi pour l'enregistrement des ventes. — Vu, 1° l'article 23 de la loi du 13 brumaire an VII, ainsi conçu :

« Il ne pourra être fait ni expédié deux actes à « la suite l'un de l'autre sur la même feuille de « papier timbré, nonobstant tout usage ou règle- « ment contraire; — Sont exceptées les ratifica- « tions des actes passés en l'absence des parties, « les quittances de prix de ventes, etc., etc. »

2° L'article 42 de la loi du 22 frimaire an VII (12 déc. 1798), ainsi conçu :

« Aucun notaire, huissier, greffier, secrétaire, « ou autre officier public, ne pourra faire ou rédi- « ger un acte en vertu d'un acte sous signature « privée, ou passé en pays étranger, l'annexer à « ses minutes, ni le recevoir en dépôt, ni en dé- « livrer extrait, copie ou expédition, s'il n'a été « préalablement enregistré, à peine de cinquante « francs d'amende, etc. »

3° Les numéros 22 et 27 de l'article 68 de la même loi du 22 frimaire an VII, qui assujettissent au droit fixe d'un franc les décharges pures et simples données aux officiers publics.

Considérant, 1° en ce qui concerne la première question, que l'article 23 de la loi du 13 brumaire an VII, porte formellement que les quittances de prix de vente peuvent être mises à la suite de l'acte qui y a rapport ; que cette forme offre un avantage pour les officiers publics et leurs ayants cause, en ce qu'une décharge ainsi donnée n'est pas susceptible de s'égarer ; — 2° Relativement à la seconde question, qu'aux termes de l'article 42 de la loi du 22 frimaire an VII, un officier public ne peut annexer à ses minutes un acte quelconque non enregistré ; que la quittance ou décharge qui est donnée par la partie, du prix de vente d'effets mobiliers, est un acte qui cesse d'être privé du moment où il est porté à la suite d'un procès-verbal rédigé par un officier public ; que cette décharge réunit alors tous les caractères d'un acte public, et qu'elle doit être rédigée et assujettie aux droits comme les autres actes de cette espèce ;

Considérant qu'un usage presque général a jusqu'à présent fait oublier ces principes, et que leur application rigoureuse pour le passé exposerait les officiers publics qui ont négligé de se conformer à la loi, à supporter personnellement les peines qu'elle prononce, par l'impossibilité où ils seraient de découvrir les parties qui ont requis les ventes, est d'avis que :

Art. 1. Les quittances et décharges du prix de ventes mobilières faites par les notaires, greffiers, commissaires-priseurs et huissiers, peuvent être mises à la suite ou en marge des procès-verbaux de vente.

2. Dans ce cas, les quittances et décharges doivent être rédigées en forme authentique, c'est-à-dire que l'officier public attestera que la partie est comparue devant lui pour régler le reliquat de vente dont elle lui donnera décharge, et cet acte sera signé tant par l'officier que par la partie, et si la partie ne sait pas signer, par un second officier de la même qualité ou par deux témoins.

3. Les quittances et décharges ainsi rédigées doivent être enregistrées dans les délais fixés par l'article 20 de la loi du 22 frimaire an VII, savoir : pour les notaires, dans les dix ou quinze jours de leurs dates; pour les greffiers, dans les vingt jours, et pour les commissaires-priseurs et huissiers, dans les quatre jours. — Il n'est dû que le droit fixe d'un franc, conformément aux n°s 22 et 27 de l'article 68 de la même loi.

4. Il ne doit être fait aucune recherche pour les quittances et décharges sous seing privé, don-

nées antérieurement à la publication du présent avis (¹).

(22 NOVEMBRE 1811.)

Décret portant que les ventes publiques de marchandises pourront être faites, dans tous les cas, par les Courtiers de commerce.

Napoléon, etc.

Art. 1ᵉʳ. Les ventes publiques de marchandises à la Bourse et aux enchères, que l'article 492 (²) du Code de commerce autorise les courtiers de commerce à faire en cas de faillite, pourront être faites par eux, dans tous les cas, même à Paris, avec l'autorisation du tribunal de commerce, donnée sur requête.

(17 AVRIL 1812.)

Décret impérial qui détermine le mode d'exécution de celui du 22 novembre 1811, relatif aux ventes publiques de marchandises par les Courtiers de commerce.

Napoléon, etc. — Considérant que lorsque nous avons rendu notre décret du 22 novembre 1811, portant : « Les ventes publiques de marchandises

---

(¹) Voir *Journal des Commissaires-Priseurs*, t. I, page 76.
(²) Cet article a été abrogé et remplacé par l'art. 486 du nouveau Code de commerce (loi du 28 mai 1838). — Voir ci-après, à sa date, loi du 25 juin 1841, et notre commentaire sur cette loi.

à la Bourse et aux enchères, que l'art. 492 du Code de commerce autorise les courtiers de commerce à faire, en cas de faillite, pourront être faites par eux dans tous les cas, même à Paris, avec l'autorisation du tribunal de commerce, donnée sur requête »; nous avons ordonné qu'il serait fait un règlement qui établirait une ligne de démarcation entre les fonctions des commissaires-priseurs et celles des courtiers de commerce.

Notre Conseil d'État entendu,

Nous avons décrété et décrétons ce qui suit :

Art. 1er. Les marchandises désignées au tableau annexé au présent décret, sont celles que les courtiers de commerce, à Paris, peuvent vendre à la Bourse et aux enchères, après l'autorisation du tribunal de commerce, donnée sur requête.

2. Dans les autres villes de notre empire, les tribunaux et les chambres de commerce dresseront un état des marchandises dont il pourrait être nécessaire, dans certaine circonstance, d'autoriser la vente à la Bourse et aux enchères par le ministère des courtiers de commerce, et le soumettront à l'approbation de notre ministre des manufactures et du commerce.

Les tribunaux et les chambres de commerce donneront aussi leurs avis sur les projets de règlements locaux relatifs aux mesures d'exécution.

3. Dans toutes les villes, toutes les fois qu'il s'agira de procéder à de telles ventes, et avant que

les tribunaux de commerce puissent accorder leur autorisation, sauf les cas de faillite, les courtiers déposeront au greffe du tribunal de commerce une déclaration, sur papier timbré, du négociant, fabricant ou commissionnaire qui aura demandé la faculté de vendre aux enchères, portant que les marchandises à vendre à la Bourse, en vente publique et aux enchères, sont sa propriété; ou bien qu'elles lui ont été adressées du dehors par des marchands ou négociants qui l'ont autorisé à les vendre et à les réaliser par la voie de la vente publique et à la Bourse; ou bien encore que le produit desdites ventes doit servir à rembourser des avances faites, ou à payer des acceptations accordées par suite de l'envoi desdites marchandises.

Néanmoins, et malgré les cas énoncés ci-dessus, les tribunaux de commerce seront juges de la validité des motifs.

4. Avant de procéder aux ventes mentionnées ci-dessus, il sera dressé et imprimé un catalogue des denrées et marchandises à vendre, lequel portera la date de l'approbation accordée par le tribunal de commerce, et sera signé par le courtier chargé de la vente.

Ce catalogue contiendra sommairement les marques, numéros, nature, qualité et quantité de chaque lot de marchandises, les magasins où elles sont déposées, les jours et les heures où elles pourront être examinées, et les jours et les heures où la vente publique et aux enchères en sera faite à la Bourse.

Seront également mentionnées les époques des livraisons, les conditions de payement, les tares, avaries, et toutes les autres indications et conditions qui seront la base et la règle du contrat entre les vendeurs et les acheteurs.

Ces imprimés seront affichés aux lieux les plus apparents et les plus fréquentés de la Bourse, pendant le temps qui sera fixé par le tribunal de commerce, mais au moins pendant les trois jours consécutifs qui précéderont la vente.

5. Au moment de la vente, et avant qu'il soit procédé aux enchères, un échantillon de chaque lot sera exposé sur le bureau, et placé de manière que les acheteurs puissent l'examiner et le comparer avec l'indication portée sur l'imprimé.

6. En marge de chaque lot, et lors de la vente, seront écrits les noms et demeures des acheteurs, et le prix de l'adjudication.

Les lots ne pourront être, d'après l'évaluation approximative et selon le cours moyen des marchandises, au-dessous de deux mille francs pour la place de Paris, et de mille francs pour les autres places de commerce.

Les tribunaux de commerce pourront les fixer à un taux plus élevé; mais, dans aucun cas, les lots ne pourront excéder une valeur de cinq mille francs.

7. Les enchères seront reçues et les adjudications faites par le courtier chargé de la vente. Il dressera procès-verbal de chaque séance d'enchères; et, dans les vingt-quatre heures, il le déposera au greffe du tribunal de commerce.

8. Après chaque séance d'enchères, les noms des acheteurs, le numéro des lots et les prix d'adjudications seront recordés; et les acquéreurs apposeront leur signature sur les feuilles qui contiendront leurs enchères, en témoignage de reconnaissance des lots qui leur sont échus.

S'il s'élevait à cet égard quelques difficultés, la déclaration du courtier vaudra ce qu'elle vaudrait dans les achats et ventes de gré à gré.

9. Faute par l'adjudicataire de prendre livraison dans les délais fixés, la marchandise sera revendue à la folle enchère, et à ses périls et risques, trois jours après la sommation qui lui aura été faite de recevoir, et sans qu'il soit besoin de jugement.

10. Après les livraisons des marchandises, les comptes seront dressés par les négociants vendeurs; ils seront visés par le courtier chargé de la vente, et ils seront ainsi payés par les acheteurs, suivant les conditions des enchères.

11. Le droit de courtage pour ces ventes sera fixé par les tribunaux de commerce; mais, dans

aucun cas, il ne pourra excéder le droit établi dans les ventes de gré à gré pour les mêmes sortes de marchandises.

12. En cas de contestation, elle sera portée devant le tribunal de commerce, qui prononcera, sauf l'appel, s'il y a lieu.

13. Au surplus, les courtiers de commerce se conformeront aux dispositions prescrites par la loi du 22 pluviôse an VII, concernant la vente publique des meubles.

14. Notre ministre des manufactures et du commerce est chargé de l'exécution du présent décret, qui sera inséré au *Bulletin des lois*.

TABLEAU.

Alizari.— Alun.— Amandes.— Amidon. — Anis vert.—Argent-vif. — Bois de teinture. — Bois d'acajou. — Bois d'ébène. — Borax raffiné. — Brai. — Cacao. — Café. — Camphre. — Cannelle.— Caret.— Céruse.— Chanvre.— Cire.— Cotons en laine. — Cochenille. — Colle. — Couperose. — Crème de tartre. — Cuirs en poil. — Dents d'éléphant. — Eau-de-vie. — Étain. — Essence de térébenthine. — Fanon de baleine. — Fer-blanc. — Galles.— Garance.— Girofle.— Gommes. — Huiles.— Indigo. — Ipécacuanha. — Jalap. — Laines. — Litharge. —Mnane.— Mélasse.— Miel.— Minium.— Morue.—Muscades.—Nankins. — Opium. — Piment. — Plombs. — Poivre. — Potasse. — Prunes d'Antes en caisse. — Quercitron. — Quinquina. — Réglisse. — Rhubarbe. — Riz. — Rocou. — Safran. — Safranum. — Salsepareille.— Savon.— Sel. — Soudes. — Soufre en canne et en masse. — Soie de porc. — Sumac. — Sucre. — Sucre de réglisse. — Suif. — Thé. — Vanille. —Verdet. —Vins.— Zinc.

(22 décembre 1812.)

Décret relatif aux déclarations à faire par les titulaires de cautionnements en faveur de leurs bailleurs de fonds, pour leur faire acquérir le privilége du second ordre.

Art. 1er. Les déclarations à faire à l'avenir par les titulaires de cautionnements en faveur de leurs bailleurs de fonds pour leur faire acquérir le privilége du second ordre, seront conformes au modèle ci-annexé, passées devant notaires, et légalisées par le président du tribunal de l'arrondissement.

2. Dans le cas où le versement à la caisse d'amortissement serait antérieur de plus de huit jours à la date de ces déclarations, elles ne seront valables qu'autant qu'elles seront accompagnées du certificat de non-opposition délivré par le greffier du tribunal du domicile des parties dont il sera fait mention dans lesdites déclarations, lesquelles au surplus ne seront admissibles à la caisse d'amortissement, s'il y a des oppositions à cette caisse, que sous la réserve de ces oppositions.

3. Le droit d'enregistrement de ces déclarations est fixé à 1 fr.

4. Il n'est point dérogé par le présent décret à celui du 28 août 1808, portant que : « les prê- « teurs de fonds ne pourront exercer le privilége « du second ordre qu'en représentant le cer- « tificat mentionné à l'art. 2 de ce décret », à

moins cependant que leur opposition ou la déclaration faite à leur profit ne soit consignée aux registres des oppositions et déclarations de la caisse d'amortissement; faute de quoi, ils ne pourront exercer de recours contre la caisse d'amortissement que comme les créanciers ordinaires, et en vertu des oppositions qu'ils auraient formées aux greffes des tribunaux indiqués par la loi.

Modèle de déclaration à passer par-devant notaire, par les titulaires de cautionnements, en faveur de leurs prêteurs de fonds, pour leur faire acquérir le privilége du second ordre.

Par-devant, etc.....

Fut présent N. (mettre les noms, qualité et demeure), *lequel a, par ces présentes, déclaré que la somme de....., que le comparant a versée à la caisse....., pour la* (totalité ou partie) *du cautionnement auquel il est assujetti en sadite qualité, appartient en capital et intérêts à N.* (mettre les noms, qualité et demeure), *dû à NN., savoir : à N. jusqu'à la concurrence de la somme de ..., et à N. jusqu'à la concurrence de celle de ... Pourquoi il requiert et consent que la présente déclaration soit inscrite sur les registres de la caisse d'amortissement, afin que ledit N. ait et acquière* (ou lesdits NN. aient et acquièrent) *le privilége du second ordre sur ledit cautionnement, conformément aux dispositions de la loi du 25 nivôse an XIII, et du décret du 28 août 1808.*

Dont acte.

(18 FÉVRIER 1815.)

Ordonnance qui prescrit aux Commissaires-Priseurs de la
ville de Paris de mettre en communauté la moitié des droits
qui leur sont alloués sur chaque vente.

Louis, etc. — Vu l'arrêté des consuls du 29 germinal an IX, portant règlement de la chambre des commissaires-priseurs vendeurs de notre bonne ville de Paris, et ordonnant l'établissement d'une bourse commune, spécialement affectée au payement des deniers produits par les ventes; — Vu les représentations qui nous ont été adressées par cette chambre, au nom de toute la compagnie, à l'effet d'obtenir que la mise en communauté, qui, aux termes de l'art. 10 du susdit arrêté, est de deux cinquièmes des droits alloués pour chaque vente, soit portée à la moitié; — Considérant que cette disposition ne peut que contribuer à assurer les droits des vendeurs, en conciliant tout à la fois les intérêts de chacun des membres de la compagnie; — Sur le rapport de notre amé et féal chevalier chancelier de France, le sieur Dambray, — Notre Conseil d'État entendu,

Nous avons ordonné et ordonnons ce qui suit :

Art. 1er. Les commissaires-priseurs vendeurs de notre bonne ville de Paris mettront en communauté la moitié des droits qui leur sont alloués sur chaque vente, au lieu des deux cinquièmes auxquels les assujettissait le règlement du 29 germinal an IX.

(28 AVRIL 1816.)

Extrait de la Loi sur les finances portant institution
des Commissaires-Priseurs dans les départements.

TITRE IX.

§ 2. Des cautionnements.

Cautionnements et suppléments de cautionnement à fournir par les Officiers ministériels, Agents de change, Courtiers de commerce, etc.

89. Il pourra être établi, dans toutes les villes et les lieux où Sa Majesté le jugera convenable, des commissaires-priseurs dont les attributions seront les mêmes que celles des commissaires-priseurs établis à Paris par la loi du 27 ventôse an IX (18 mars 1801). — Ces commissaires n'auront, conformément à l'art. 1er de ladite loi, de droit exclusif que dans le chef-lieu de leur établissement. Ils auront, dans tout le reste de l'arrondissement, la concurrence avec les autres officiers ministériels, d'après les lois existantes (¹). En attendant qu'il ait été statué par une loi générale sur les vacations et frais desdits officiers, ils ne pourront percevoir autres et plus forts droits que ceux qu'a fixés la loi du 17 septembre 1793.

90. Il sera fait, par le gouvernement, une nouvelle fixation des cautionnements des agents de

(¹) Voir ci-après loi du 26 juin 1816.

change et courtiers de commerce : cet état sera réglé sur la population et le commerce des lieux où résident lesdits agents de change et courtiers, et portera les cautionnements au *minimum* de 4,000 fr. et au *maximum* de 125,000 fr.

91. Les avocats à la Cour de cassation, notaires, avoués, greffiers, huissiers, agents de change, courtiers, *commissaires-priseurs*, pourront présenter à l'agrément de Sa Majesté des successeurs, pourvu qu'ils réunissent les qualités exigées par les lois. Cette faculté n'aura pas lieu pour les titulaires destitués. — Il sera statué, par une loi particulière, sur l'exécution de cette disposition et sur les moyens d'en faire jouir les héritiers ou ayants cause desdits officiers (¹).

Cette faculté de présenter des successeurs ne déroge point, au surplus, au droit de Sa Majesté de réduire le nombre desdits fonctionnaires, notamment celui des notaires, dans les cas prévus par la loi du 25 ventôse an XI sur le notariat.

§ 3. Dispositions générales.

92. Les cautionnements et suppléments de cautionnement demandés par la présente loi, seront versés au trésor, savoir : un quart en numé-

______

(¹) Les héritiers d'un titulaire d'office, qui à présenté son successeur par une simple lettre missive, ne peuvent disposer de cet office et prétendre que la transmission de propriété est nulle, comme ne renfermant pas les conditions voulues pour les actes de vente ou de donation. Cass., 8 février 1826.

raire un mois après la promulgation de la présente loi, et les trois autres quarts en obligations payables à la fin des mois de juillet, octobre et décembre 1846.

A l'égard des cautionnements intégraux à fournir pour des créations de places nouvelles ou pour des mutations, ils seront versés en numéraire avant l'installation des fonctionnaires.

93. L'intérêt des cautionnements continuera d'être payé, comme pour le cautionnement primitif, au taux et aux époques usités pour le passé.

94. Les fonds de tous les cautionnements fournis jusqu'à ce jour ayant été remis au trésor, il demeure chargé de rembourser le capital, lorsqu'il y aura lieu, et d'en payer les intérêts ainsi que ceux des suppléments et des cautionnements nouveaux qu'il recevra en exécution de la présente loi. — L'intérêt des cautionnements nouveaux sera fixé à quatre pour cent sans retenue.

95. Il sera pourvu au remplacement des fonctionnaires qui ne fourniraient pas les cautionnements et suppléments de cautionnement dans le délai ci-dessus fixé, ou qui manqueraient de l'acquitter aux époques déterminées ci-dessus.

96. Nul ne sera admis à prêter serment et à être installé dans les fonctions auxquelles il aura été nommé, s'il ne justifie préalablement de la quittance de son cautionnement.

Fixation des cautionnements des Commissaires-Priseurs.

POPULATIONS.		CAUTIONNEMENTS.
2,500 habitants et au-dessous.		4,000 fr.
2,501. . . . . à	3,000	4,200
3,001. . . . . à	3,500	4,400
3,501. . . . . à	4,000	4,600
4,001. . . . . à	4,500	4,800
4,501. . . . . à	5,000	5,000
5,001. . . . . à	5,500	5,200
5,501. . . . . à	6,000	5,400
6,001. . . . . à	6,500	5,600
6,501. . . . . à	7,000	5,800
7,001. . . . . à	8,000	6,000
8,001. . . . . à	9,000	6,200
9,001. . . . . à	10,000	6,400
10,001. . . . . à	11,000	6,600
11,001. . . . . à	12,000	6,800
12,001. . . . . à	13,000	7,000
13,001. . . . . à	14,000	7,200
14,001. . . . . à	15,000	7,400
15,001. . . . . à	16,000	7,600
16,001. . . . . à	17,000	7,800
17,001. . . . . à	18,000	8,000
18,001. . . . . à	19,000	8,200
19,001. . . . . à	20,000	8,400
20,001. . . . . à	25,000	8,600
25,001. . . . . à	30,000	8,800
30,001. . . . . à	35,000	9,000
35,001. . . . . à	40,000	9,200
40,001. . . . . à	50,000	9,400
50,001. . . . . à	60,000	9,600
60,001. . . . . à	70 000	9,800
70,001. . . . . à	80,000	10,000
80,001. . . . . à	100,000	12,000
100,001 et au-dessus.		15,000
A Paris.		20,000

(1er MAI 1816.)

Ordonnance du roi concernant l'exécution du titre IX de la loi
des finances relatif aux suppléments de cautionnement.

Louis, etc., etc.; — Vu le titre IX de la loi du
28 avril 1816, relatif aux suppléments de cautionnement, — avons ordonné et ordonnons :

Art. 1er. Les suppléments de cautionnement à
fournir, en exécution de ladite loi, par les receveurs généraux, receveurs particuliers d'arrondissement, payeurs des divisions militaires et des
départements, employés des contributions directes, conservateurs des hypothèques, agents de
l'administration des douanes, agents de change
et courtiers de commerce, sont fixés conformément aux états annexés à la loi sous les n°s 1, 2,
3, 5 et à ceux joints à la présente ordonnance
sous les n°s 11, 12 et 13 (¹).

2. Les préfets feront dresser, 1° des états qui
présenteront le montant des recouvrements sur les
quatre contributions directes de 1815 dont était
chargé chaque percepteur de leur département,
et le montant de son cautionnement primitif: les
préfets détermineront, d'après ces recouvrements
et suivant les proportions fixées par l'art. 82 de
la loi du 28 avril 1816, le supplément de cau-

(¹) Ces états n'ont point été imprimés, et ils ont été envoyés par
extrait à chaque préfet.

tionnement que les percepteurs auront à fournir;

2° De semblables états, pour les receveurs communaux : ces états seront aussi basés sur les recettes de 1815, et fixeront le supplément à fournir par les receveurs communaux, d'après l'art. 83 de la loi.

3. Nos procureurs généraux près les Cours royales feront dresser par nos procureurs près les tribunaux de première instance, des états séparés des notaires, avoués, greffiers et huissiers près des Cours et tribunaux, greffiers des justices de paix et *commissaires-priseurs* attachés au ressort de chaque tribunal, ou de ceux qu'il sera convenable d'y attacher. — Ces états, certifiés par nos procureurs près les tribunaux de première instance, présenteront le nom du titulaire, le lieu de sa résidence, la population de la ville où il exercera, son cautionnement actuel, et le supplément qu'il devra fournir, conformément à l'article 88 de la loi du 28 avril et aux états annexés à ladite loi sous les numéros 7, 8, 9 et 10. — Nos procureurs-généraux, après avoir visé les états que leur enverront nos procureurs près les tribunaux, les adresseront au préfet du département.

4. Le préfet rendra ces états exécutoires, ainsi que ceux qu'il aura fait dresser lui-même pour les percepteurs et les receveurs communaux. Il ordonnera aussitôt aux fonctionnaires qui feront

partie de ces divers états, d'acquitter, dans la huitaine, le supplément de cautionnement, soit en argent, soit en obligations, entre les mains du receveur-général du département. Il sera, en conséquence, remis copie de ces états exécutoires au receveur-général : une autre copie sera adressée, sans délai, à notre ministre secrétaire d'État des finances.

5. Les suppléments de cautionnement dont la fixation est faite par les états annexés à la loi du 28 avril 1816, ou par ceux joints à la présente ordonnance, seront versés dans la quinzaine, à compter de ce jour, aux receveurs-généraux de département ; savoir : un quart en numéraire, et les trois autres quarts en obligations payables les 30 juin, 30 septembre et 31 décembre prochains.

6. Les souscripteurs des obligations seront tenus d'en faire remettre les fonds, aux échéances, au domicile du receveur-général : à défaut, les obligations seront protestées audit domicile ; et sur l'envoi que le receveur-général en fera à notre Trésor avec l'acte de protêt, il sera remboursé du montant des obligations. Nos ministres pourvoiront sur-le-champ, conformément à l'article 95 de la loi du 28 avril 1816, au remplacement du fonctionnaire qui aurait manqué de s'acquitter. — Il en sera usé de même à l'égard des fonctionnaires qui retarderaient de faire les versements ordonnés par les articles 4 et 6 ci-dessus.

7. Dans le cas où un souscripteur d'obligations pour supplément de cautionnement cesserait ses fonctions avant le 31 décembre prochain, les obligations par lui souscrites et qui resteront à acquitter, seront payées par son successeur comme si celui-ci les eût souscrites lui-même; le souscripteur sera entièrement libéré du montant de ces obligations au moment où il quittera ses fonctions.

8. Les intérêts du supplément de cautionnement courront à partir de la date des payements.

9. Les suppléments de cautionnement exigés par la loi du 28 avril 1816 seront transmis à notre Trésor, au moyen d'obligations que les receveurs-généraux souscriront à l'ordre du caissier-général de la caisse de service, payables un mois après celles des fonctionnaires qui sont assujettis à ces suppléments. — Ce délai d'un mois tiendra lieu de toute remise et commission aux receveurs-généraux pour la recette et la transmission de ces fonds.

———

(1er MAI 1816.)

Extrait de l'ordonnance du roi qui prescrit l'exécution d'une disposition de l'arrêt du Conseil du 13 novembre 1778, en ce qui concerne la vente des meubles, par des officiers publics et commissaires-priseurs.

Louis, etc. — Vu le Mémoire de la chambre des commissaires-priseurs du département de la

Seine, tendant à ce qu'il soit statué sur la question de savoir si lorsqu'un objet quelconque a été exposé en vente publique, et qu'il a reçu une ou plusieurs enchères sur sa première mise à prix, il doit dans ce cas être adjugé, et le prix porté sur le procès-verbal que dresse le commissaire-priseur, quand bien même cet objet serait adjugé au propriétaire comme dernier enchérisseur ;

Vu la loi du 22 pluviôse an VII (10 février 1799), qui détermine les obligations imposées aux officiers publics, ayant droit de procéder aux ventes mobilières ;

Vu les rapports de l'administration de l'enregistrement et des domaines, et les observations y relatives de notre garde des sceaux ;

Considérant que la mise en vigueur des dispositions de l'arrêt rendu le 13 novembre 1778 par le roi, notre auguste frère, ne peut qu'assurer l'exécution plus complète de la loi susdite du 22 pluviôse an VII (10 février 1799), et prévenir toute omission frauduleuse au préjudice soit des parties, soit de notre Trésor, dans les procès-verbaux des ventes mobilières.

Sur le rapport de notre ministre secrétaire d'État des finances, nous avons ordonné et ordonnons ce qui suit :

La disposition de l'arrêt du conseil d'État, du 13 novembre 1778, qui oblige les notaires, greffiers, huissiers et tous autres officiers publics ayant droit de procéder aux ventes mobilières, de comprendre dans leurs procès-verbaux tous les articles exposés en vente, tant ceux par eux adjugés en totalité ou livrés par les propriétaires ou les héritiers, pour le prix de l'enchère de la prisée, sous peine de cent francs d'amende, est remise en vigueur, et sortira sa pleine et entière exécution.

<hr>

(26 juin 1816.)

Ordonnance du roi qui établit, en exécution de la loi du 28 avril 1816, des Commissaires-Priseurs dans les villes chefs-lieux d'arrondissement, ou qui sont le siége d'un tribunal de première instance, et dans celles qui, n'ayant ni sous-préfecture ni tribunal, renferment une population de cinq mille âmes et au-dessus.

Louis, etc. — La loi sur le budget porte qu'il sera établi, dans toutes les villes où nous le jugerons convenable, des commissaires-priseurs dont les attributions seront les mêmes que celles des commissaires-priseurs établis à Paris. — Le principe posé par cette loi a besoin d'être développé, et son exécution doit être réglée d'une manière uniforme. — A quoi voulant pourvoir, etc. — Avons ordonné et ordonnons ce qui suit :

Art. 1er. Dans toutes les villes chefs-lieux d'arrondissement ou qui sont le siége d'un tribunal de première instance, et dans toutes celles qui, n'ayant ni sous-préfecture ni tribunal, renferment une population de cinq mille âmes et au-dessus, *il sera nommé* un commissaire-priseur par chaque justice de paix existant dans la ville. Les justices de paix des faubourgs et celles désignées sous le nom d'*extra muros* seront considérées comme faisant partie de celles des villes dont elles dépendent.

2. Il n'est rien innové aux dispositions de la loi du 27 ventôse an IX, qui accordent aux commissaires-priseurs de Paris la concurrence pour les ventes et prisées qui se font dans l'étendue du département de la Seine.

3. A compter du jour de leur prestation de serment devant le tribunal de première instance dans le ressort duquel ils seront établis, les commissaires-priseurs nouvellement nommés dans les chefs-lieux d'arrondissement, feront exclusivement toutes les prisées de meubles et ventes publiques aux enchères qui auront lieu dans le chef-lieu de leur établissement, et ils auront la concurrence pour les opérations de même nature qui se feront dans l'étendue de leur arrondissement, à l'exception des villes où résiderait un commissaire-priseur. — Cette concurrence, pour les commissaires-priseurs établis dans les villes qui ne sont pas chefs-lieux d'arrondissement, se bornera à l'étendue de leur canton (¹).

(¹) Voir ci-dessus loi du 28 avril 1816, art. 89.

4. Il y aura une bourse commune entre les commissaires-priseurs d'une même résidence, ils seront tenus d'y verser la portion de leurs droits et honoraires fixée par notre ordonnance du 18 février 1815 ([1]).

5. Dans les villes où il existe des Monts-de-piété, des commissaires-priseurs choisis parmi ceux résidant dans ces villes seront exclusivement chargés de toutes les opérations de prisée et de vente, ainsi que cela est établi pour les commissaires-priseurs de Paris par le décret du 27 juillet 1805 (8 thermidor an XIII) ([2]).

La désignation des commissaires-priseurs près des Monts-de-piété sera faite par les administrateurs de ces établissements, qui fixeront le nombre de ces officiers nécessaire pour le service.

Ils verseront dans la bourse commune, ainsi que les commissaires-priseurs établis près du Mont-de-piété de Paris sont tenus de le faire, et dans les mêmes proportions, les remises et droits qui leur seront alloués. Les dispositions du règlement précité relatives aux garanties pour fait de charge, leur sont également applicables.

6. Lesdits commissaires-priseurs pourront recevoir toute déclaration concernant les ventes auxquelles ils procéderont, recevoir et viser tou-

---

([1]) Cette portion est de moitié.

([2]) Le *Bulletin des Lois* porte, par erreur, 10 mars 1807, erreur qui est signalée par *erratum* du *Bulletin* CXII.

tes les oppositions qui y seront formées, introduire devant les autorités compétentes tous référés auxquels leurs opérations pourront donner
lieu, et citer, à cet effet, les parties intéressées
devant lesdites autorités.

7. Toute opposition, toute saisie-arrêt, formées
entre les mains des commissaires-priseurs et relatives à leurs fonctions, toute signification de
jugement prononçant la validité desdites opposition ou saisie-arrêt, seront sans effet, à moins que
l'original desdites opposition, saisie-arrêt, ou signification de jugement, n'ait été visé par le
commissaire-priseur : en cas d'absence ou de refus, il en sera dressé procès-verbal par l'huissier, qui sera tenu de le faire viser par le maire
de la commune.

8. Les commissaires-priseurs auront la police
dans les ventes, et pourront faire toutes réquisi-
tions pour y maintenir l'ordre.

Ils pourront porter, dans l'exercice de leurs
fonctions, une toge de laine noire, fermée par-
devant, à manches larges ; toque noire, cravate
tombante de batiste blanche plissée, cheveux
longs ou ronds.

9. Les commissaires-priseurs seront nommés
par nous sur la présentation qui nous en sera
faite par notre ministre de la justice.

10. Nul ne pourra être admis à exercer les
fonctions de commissaire-priseur, s'il n'a vingt-

cinq ans accomplis, ou s'il n'a obtenu de nous les dispenses d'âge que nous nous réservons d'accorder lorsque nous le jugerons convenable.

11. Les fonctions de commissaire-priseur seront compatibles, dans toutes les résidences autres que la ville de Paris, avec les fonctions de notaire, de greffier de justice de paix ou de tribunal de police, et d'huissier (¹).

12. Il est fait défenses expresses aux commissaires-priseurs d'exercer la profession de marchand de meubles, de marchand fripier ou tapissier, ni même d'être associés à aucun commerce de cette nature, à peine de destitution.

13. Les commissaires-priseurs tiendront un répertoire sur lequel ils inscriront leurs procès-verbaux jour par jour, et qui sera préalablement visé au commencement, coté et paraphé à chaque page par le président du tribunal de leur arrondissement. Ce répertoire sera arrêté tous les trois mois par le receveur de l'enregistrement : une expédition en sera déposée, chaque année, avant le 1er mars, au greffe du tribunal civil.

14. Les commissaires-priseurs seront placés sous la surveillance de nos procureurs près des tribunaux de première instance.

15. Aucun commissaire-priseur ne pourra être admis au serment, qu'il n'ait préalablement

(¹) Cette disposition a été abrogée par ordonnance du 31 juillet 1822, ci-après.

justifié du payement de son cautionnement, conformément à la loi du budget.

16. Les dispositions des anciens édits, lois, ordonnances et décrets, qui ne sont point formellement abrogées, continueront à recevoir leur exécution pour tout ce qui tient à la discipline du corps des commissaires-priseurs.

—

(3 JUILLET 1816.)

**Ordonnance du roi relative aux versements à faire
à la Caisse des dépôts et consignations.**

Louis, etc. — Par la grâce de Dieu, roi de France et de Navarre. — Les rois, nos augustes prédécesseurs, en créant des établissements pour recevoir les dépôts et consignations, ont eu pour objet de remédier à des abus non moins préjudiciables aux fortunes particulières qu'à l'intérêt général de l'État.—L'édit du mois de juin 1578 a toujours été considéré comme un bienfait signalé, et deux siècles après, malgré tant de variations importantes survenues dans l'administration de la justice, l'édit du mois d'octobre 1772 proclamait cette maxime : « Qu'il importait « à la sûreté publique qu'il existât, sous les yeux « des magistrats, un dépôt permanent et inviolable « pour toutes les consignations judiciaires. » — Depuis 1789 même, l'esprit d'innovation qui s'est trop malheureusement introduit dans toutes les parties de la législation, n'a pas empêché qu'on ne reconnût cette vérité.—Les lois des 30 septembre 1791, 23 septembre 1793 et 18 janvier 1805 (28 nivôse an XIII) paraissent l'avoir prise pour base; mais les établissements qu'elles avaient formés manquant d'indépendance, d'une surveillance et d'une garantie qui n'eussent rien d'illusoire, leur exécution n'a point répondu à ce qu'on pouvait en attendre. Il est notoire que la plupart des sommes sur lesquelles diverses personnes prétendent des droits opposés ou litigieux, loin d'être mises en séquestre dans une caisse de dépôts dont l'inviolabilité puisse rassurer chacun des intéressés, restent entre les mains de débiteurs qui ne présentent aucune garantie, d'officiers ministériels dont les cautionnements n'ont pas pour objet de répondre de ces sommes, parce qu'il n'entre pas dans leurs fonctions de les recevoir et de les garder. Ainsi la confiance publique est trompée, les dépôts sont violés; on a vu des officiers ministériels détourner des sommes qu'ils avaient conservées contre le vœu des lois et l'intention des parties, sans qu'il y eût de moyens pour prévenir de tels abus. —Frappé de tant de désordres, résolu d'y mettre fin, et convaincu que les intérêts particuliers né peuvent trouver une plus sûre garantie que dans un dépôt placé sous la foi publique et sous la surveillance de la commission qui inspecte la caisse d'amortissement, dont les opérations touchent si directement la fortune de l'État, nous avons proposé aux Chambres, et elles ont adopté dans les articles 110, 111 et 112 de la loi du 28 avril dernier, l'institution d'une caisse des dépôts et consignations. — L'article 112 de ladite loi nous attribuant le droit d'organiser cette caisse, nous avons cru, en attendant qu'une loi spéciale ait déterminé tous les cas dans lesquels il y a lieu à consigner des sommes ou valeurs, devoir réunir les diverses dispositions des lois actuelles sur cet objet, et déterminer les mesures propres à en assurer l'exécution.

A ces causes, et vu les articles 110 et suivants de la loi du 28 avril 1816; vu l'article 14 de la Charte constitutionnelle qui nous réserve et attribue le droit de faire tous les règlements nécessaires pour l'exécution des lois;

Sur la proposition de la commission chargée de la surveillance des caisses d'amortissement et consignations, et le rapport de notre ministre secrétaire d'État des finances, avons ordonné et ordonnons ce qui suit :

SECTION PREMIÈRE. — Des sommes qui doivent être versées dans la caisse des dépôts et consignations.

Art. 1er. La caisse des dépôts et consignations, créée par l'article 110 de la loi du 28 avril dernier, recevra seule toutes les consignations judiciaires.

2. Seront en conséquence versés dans ladite caisse :

1° Les deniers offerts réellement, conformément aux articles 1257 et suivants du Code civil; ceux que voudra consigner un acquéreur ou donataire dans le cas prévu par les art. 2183, 2184, 2186 et 2189; le montant des effets de commerce dont le porteur ne se présente pas à l'échéance lorsque le débiteur voudra se libérer conformément à la loi du 23 juillet 1795 (6 thermidor an III); et en général toutes sommes offertes à des créanciers refusants, par des débiteurs qui veulent se libérer; — 2° Les sommes qu'offriront de consigner, suivant la faculté que leur accordent les articles 2041 du Code civil, 167, 542 du Code de procédure, 117 du Code d'instruction criminelle et autres dispositions des lois, toutes personnes qui astreintes, soit par lesdites lois, soit par des jugements ou arrêts, à donner des cautions en garanties, ne pourraient ou ne voudraient pas les fournir en immeubles; — 3° Les deniers remis par un débiteur à un garde de commerce exerçant une contrainte par corps, pour éviter l'arrestation, conformément à l'art. 14 du décret du 14 mars 1808; et ceux qui, dans les mêmes circonstances seraient remis à un huissier exerçant la contrainte par corps dans les villes et lieux autres que Paris, lorsque le créancier n'aura pas voulu recevoir lesdites sommes dans les vingt-quatre heures accordées aux officiers ministériels pour lui en faire la remise; — 4° Les sommes que des débiteurs incarcérés doivent, aux termes de l'art. 798 du Code de procédure, déposer ès mains du geôlier de la maison de détention, pour être mis en liberté, lorsque le créancier ne les aura pas acceptés dans le délai des vingt-quatre heures; — 5° Les sommes dont les Cours et tribunaux ou les autorités administratives, quand ce droit leur appartient, auraient ordonné consignation, faute par les ayants droit de les recevoir ou réclamer, ou le séquestre en cas de prétentions opposées; — 6° Le prix que doivent consigner, conformément à l'art. 209 du Code de commerce, les adjudicataires de bâtiments de mer vendus par autorité de justice; — 7° Les deniers comptant, saisis par un huissier chez un débiteur contre lequel il exerce une saisie exécutoire, lorsque, conformément à l'art. 590 du Code de procédure civile, le saisissant, la partie saisie et les opposants ayant la capacité de transiger, ne seront pas convenus d'un séquestre volontaire dans les trois jours du procès-verbal de saisie; et ceux qui se trouveront, lors d'une apposition de scellés ou d'un inventaire, si le tribunal l'ordonne ainsi sur le référé provoqué par le juge de paix; — 8° Les sommes saisies et versées entre les mains des dépositaires ou débiteurs, à quelque titre que ce soit; celles qui proviendraient de ventes de biens-meubles de toute espèce, par suite de toutes sortes de saisies, ou même de ventes volontaires, lorsqu'il y aura des oppositions dans les cas prévus par les art. 656 et 657 du Code de procédure civile; — 9° Le produit des coupes et des ventes de fruits pendants par les racines, sur des immeubles saisis réellement; celui des loyers ou fermages des biens non affermés lors de la saisie, qui seraient perçus au profit des créanciers, dans les cas prévus par l'art. 688 du Code de procédure; ensemble tous les prix de loyers, fermages ou autres prestations, échus depuis la dénonciation au saisi, au fur et mesure des échéances; — 10° Le prix ou portion de prix d'une adjudication d'immeubles vendus sur saisie immobilière, bénéfice d'inventaire, cession de biens, faillite, que le cahier des charges n'autoriserait pas l'acquéreur à conserver entre ses mains, si le tribunal ordonne cette consignation sur la demande d'un ou de plusieurs créanciers; —11° Les deniers provenant des ventes des meubles, marchandises et immeubles des faillis et de leurs dettes actives, dans le cas prévu par l'article 497 du Code de commerce;—12° Les sommes d'argent trouvées ou provenues des ventes et recouvrements dans une succession bénéficiaire, lorsque, sur la demande de quelque créancier, le tribunal en aura ordonné la consignation ; — 13° Les sommes de deniers trouvés dans une succession vacante ou provenant du prix des biens d'icelles, conformément à l'avis du Conseil d'État du 13 octobre 1809 ; — 14° Enfin toutes les consignations ordonnées par des lois, même dans les cas qui ne sont pas rappelés ci-dessus, soit que lesdites lois n'indiquent pas le lieu de la consignation, soit qu'elles désignent une autre caisse, et notamment ce qui peut être encore dû par les anciens commissaires aux saisies réelles, conformément au décret du 12 février 1812, lequel continuera de recevoir son exécution.

3. Défendons à nos Cours, tribunaux et administrations quelconques, d'autoriser ou d'ordonner des consignations en autres caisses et dépôts publics ou particuliers, même d'autoriser les débiteurs, dépositaires, tiers-saisis à les conserver sous les noms de séquestre ou autrement, et au cas où de telles consignations auraient lieu, elles seront nulles et non libératoires.

4. Pour assurer l'exécution des dispositions ci-dessus, il ne pourra être ouvert aucune contribution de deniers provenant de ventes, recouvrements, mobiliers, saisies-arrêts ou autres, que l'acte de réquisition qui doit être rédigé conformément à l'art. 658 du Code de procédure civile, ne contienne mention de la date et du numéro de la consignation qui en a été faite ; défendons

aux présidents de nos tribunaux, de commettre
des commissaires pour procéder aux distribu-
tions ainsi requises sans ladite mention ; et au
cas où une nomination leur serait surprise, défendons à tous commissaires nommés d'y procéder, sauf aux parties qui seraient lésées, leur recours contre les avoués par la faute desquels la
distribution n'aurait pas lieu ; défendons pareillement à tous greffiers de délivrer les mandements énoncés en l'art. 674 du même Code, sur
autres que sur les préposés de la caisse de dépôts et consignations. Il en sera de même relativement aux ordres, lorsque le prix aura dû être
versé dans le cas prévu n° 10 de l'art. 2.

SECTION II. — Obligation des Officiers ministériels ou autres,
tenus de faire des versements à la caisse des dépôts et consignations.

5. Tout officier ministériel qui aura fait des
offres réelles extrajudiciairement, ou judiciairement, sera tenu, si elles ne sont pas acceptées,
d'en effectuer le versement dans les vingt-quatre
heures qui suivront l'acte desdites offres, à la
caisse des dépôts et consignations, à moins qu'il
n'en ait été dispensé par ordre écrit de celui qui
l'a chargé de faire lesdites offres.

6. Tout garde du commerce, huissier ou geôlier, qui, ayant reçu des sommes dans les cas
prévus par les nᵒˢ 3 et 4 de l'art. 2 ci-dessus, n'en
aura pas fait le versement à la caisse des dépôts

et consignations dans les délais prescrits par ledit art. 2, sera poursuivi comme rétentionnaire de deniers publics. — Seront, à cet effet, tenus, les gardes de commerce et huissiers, de mentionner au pied de leurs exploits, et avant de les présenter à l'enregistrement, s'ils ont remis au créancier les sommes par eux reçues, et de mentionner seulement cette remise sur leurs répertoires, et les geôliers feront ladite mention sur leur registre d'écrou.

7. Tout notaire, greffier, huissier, commissaire-priseur, courtier, etc., qui aura procédé à une vente, sera tenu de déclarer au pied de la minute du procès-verbal, en le présentant à l'enregistrement, et de certifier par sa signature qu'il a ou n'a pas d'oppositions, et qu'il a ou n'a pas connaissance d'oppositions aux scellés ou autres opérations qui ont précédé ladite vente.

8. Les versements des sommes énoncées au n° 7 de l'art. 2 seront faits dans la huitaine, à compter de l'expiration du mois accordé, par l'art. 656 du Code de procédure, aux créanciers pour procéder à une distribution amiable. — Ce mois comptera, pour les sommes saisies et arrêtées, du jour de la signification, au tiers saisi, du jugement qui fixe ce qu'il doit rapporter. — S'il s'agit de deniers provenant de ventes ordonnées par justice, ou résultant de saisies-exécutions, saisies foraines, saisies-brandons, ou même de ventes

volontaires auxquelles il y aurait eu des oppositions, ce délai courra du jour de la dernière séance
du procès-verbal de vente. — S'il s'agit de deniers
provenant de saisies de rentes ou d'immeubles,
du jour du jugement d'adjudication.

9. Conformément à l'art. 10 de la déclaration
du 29 février 1648 et de celle du 16 juillet 1669,
le directeur-général de la caisse des consignations pourra décerner ou faire décerner, par les
préposés de la caisse, des contraintes contre toutes
personnes qui, tenues, d'après les dispositions ci-
dessus, de verser des sommes dans ladite caisse ou
dans celle de ses préposés, sera en retard de remplir ces obligations; il sera procédé pour l'exécution desdites contraintes, comme pour celles
qui sont décernées en matière d'enregistrement,
et la procédure sera communiquée à nos procureurs près les tribunaux.

10. Tout notaire, courtier, commissaire-priseur, huissier ou geôlier qui aura contrevenu aux
obligations qui lui sont imposées par la présente
ordonnance, en conservant des sommes de nature à être versées dans la caisse des consignations, sera dénoncé par nos préfets ou procureurs à celui de nos ministres dans les attributions
duquel est sa nomination, pour sa révocation
nous être proposée, s'il y a lieu, sans préjudice
des peines qui sont ou pourront être prononcées
par les lois.

SECTION III. — Obligations de la caisse des dépôts et consignations
et de ses préposés.

11. La caisse des consignations aura des préposés, pour le service qui lui est confié, dans toutes les villes du royaume où siége un tribunal de première instance. — Elle sera responsable des sommes par eux reçues, lorsque les parties auront fait enregistrer leurs reconnaissances dans les cinq jours de celui du versement, conformément à l'art. 3 de la loi du 18 janvier 1805 (28 nivôse an XIII).

12. Les reconnaissances de consignations délivrées à Paris par le caissier, et dans les départements, par les préposés de la caisse, énonceront sommairement les arrêts, jugements, actes ou causes qui donnent lieu auxdites consignations ; et dans le cas où les deniers consignés proviendraient d'un emprunt, et qu'il y aurait lieu à opérer une subrogation en faveur du prêteur, il sera fait mention expresse de la déclaration faite par le déposant, conformément à l'art. 1250 du Code civil, laquelle produira le même effet de subrogation que si elle était passée devant notaire. Le timbre et l'enregistrement seront aux frais de celui qui consigne, s'il est débiteur, ou prélevés sur la somme, s'il la dépose à un autre titre.

13. Tous les frais et risques relatifs à la garde,

conservation et mouvement des fonds consignés, sont à la charge de la caisse : défendons à ses préposés ou à leurs commis et employés, de se faire payer par les déposants, ou ceux qui retireront les sommes consignées, aucun droit de garde, prompte expédition, travail extraordinaire ou autre, à quelque titre que ce soit, à peine de destitution et d'être poursuivis comme concussionnaires.

14. *Conformément à la loi du* 18 *janvier* 1805 (28 *nivôse an* XIII), *la caisse des dépôts et consignations payera l'intérêt de toute somme consignée, à raison de trois pour cent, à compter du soixante-unième jour, à partir de la date de la consignation, jusques et non compris celui du remboursement. Les sommes qui resteront moins de soixante jours en état de consignation ne produiront aucun intérêt ; lorsque les sommes consignées seront retirées partiellement, l'intérêt des portions restantes continuera de courir sans interruption.*

15. Conformément à l'art. 4 de la susdite loi, les sommes consignées seront remises, dans le lieu où le dépôt aura été fait, à ceux qui justifieront leurs droits dix jours après la réquisition de payement au préposé de la caisse. Ladite réquisition contiendra élection de domicile dans le lieu où demeure le préposé de la caisse des consignations ; elle devra être accompagnée de l'offre de remettre les pièces à l'appui de la demande, de laquelle remise mention sera faite dans le

visa que doit donner le préposé, conformément à l'art. 69 du Code de procédure civile. Les préposés qui ne satisferaient pas au payement après ce délai, seront contraignables par corps, sans préjudice des droits des réclamants contre la caisse des consignations, ainsi qu'il est dit en l'art. 11.

16. Ne pourront lesdits préposés refuser les remises réclamées que dans les deux cas suivants : 1° Sur le fondement d'opposition dans leurs mains, soit sur la généralité de la consignation, soit sur la portion réclamée, soit sur la personne requérante ; 2° Sur le défaut de régularité des pièces produites à l'appui de la réquisition. Ils devront, dans ce cas, avant l'expiration du dixième jour, dénoncer lesdites oppositions ou irrégularités aux requérants, par signification au domicile élu, et ne seront contraignables que dix jours après la signification des mainlevées ou du rapport des pièces régularisées. Les frais de cette dénonciation seront à la charge des parties réclamantes, à moins qu'elles n'aient fait juger, contre le préposé, que son refus était mal fondé ; auquel cas les frais seront à la charge de ce dernier, sans répétition contre la caisse des dépôts et consignations, sauf le cas où son refus aurait été approuvé par le directeur-général.

17. Pour assurer la régularité des payements requis par suite d'ordre ou de contribution, il

sera fait, par le greffier du tribunal, un extrait du procès-verbal dressé par le juge-commissaire, lequel extrait contiendra : 1° les noms et prénoms des créanciers colloqués; 2° les sommes qui leur sont allouées; 3° mention de l'ordonnance du juge qui, à l'égard des ordres, ordonne la radiation des inscriptions, et à l'égard des contributions, fait mainlevées des oppositions des créanciers forclos ou rejetés. — Le coût de cet extrait sera compris dans les frais de poursuite, non-obstant toutes dispositions contraires de l'art. 137 du décret du 16 février 1807. Dans les dix jours de la clôture de l'ordre ou contribution, cet extrait sera remis par l'avoué poursuivant, savoir : à Paris, au caissier, et dans les autres villes, au préposé de la caisse des consignations, à peine de dommages-intérêts envers les créanciers colloqués à qui ce retard pourra être préjudiciable. — La caisse des consignations ne pourra être tenue de payer aucun mandement au bordereau de collocation avant la remise de cet extrait, si ce n'est dans le cas de l'art. 758 du Code de procédure civile.

(3 JUILLET 1816.)

Ordonnance du roi qui règle le mode de transmission des fonctions d'Agents de change et de Courtiers de commerce dans tout le royaume, en cas de démission ou de décès.

Art. 1er. Dans le cas de transmission prévu par l'art. 91 de la loi du 28 avril dernier, les agents de change et courtiers de commerce pourront présenter leurs successeurs, à la charge, par ces derniers, de justifier, de la manière ci-après déterminée, qu'ils réunissent les qualités requises.

La même faculté est accordée aux veuves et enfants des titulaires qui décéderaient en exercice.

2. Les demandes de transmission seront adressées aux préfets, et par eux renvoyées aux tribunaux de commerce du ressort.

Ces tribnaux donneront leur avis motivé sur l'aptitude et la réputation de probité du candidat présenté, en se conformant d'ailleurs aux art. 88 et 89 du Code de commerce, et aux art. 6 et 7 de l'arrêté du 29 germinal an IX.

Les demandes seront ensuite communiquées par le préfet aux syndic et adjoints des agents de change et des courtiers, pour avoir leurs observations.

Partout où il n'existe pas de syndic et adjoints, l'avis favorable du tribunal de commerce sera suffisant.

3. Ces formalités remplies, la demande sera adressée à notre ministre secrétaire d'État de l'intérieur par le préfet, qui y joindra son avis.

Notre ministre secrétaire d'État agréera définitivement le candidat, et le proposera à notre nomination.

4. Les agents de change ou courtiers de commerce, leurs veuves et enfants, ne pourront jouir du bénéfice de l'art. 91 de la loi du 28 avril dernier ('), s'ils ne justifient du versement intégral du cautionnement, tant en principal qu'à titre de supplément.

5. Il n'est rien changé au mode actuel de nomination des agents de change et des courtiers de commerce, toutes les fois qu'il n'y aura pas lieu à l'application de l'art. 91 de ladite loi.

(18 DÉCEMBRE 1816.)

Ordonnance du roi portant établissement de cinq Courtiers d'assurances maritimes près la Bourse de Paris.

Louis, etc.

Sur le rapport de notre ministre secrétaire d'État au département de l'intérieur,

Nous avons ordonné et ordonnons ce qui suit :

Art. 1er. Il y aura, près la Bourse de Paris, cinq courtiers d'assurances maritimes.

('); Voir ci-dessus loi du 28 avril 1816, art. 91.

2. Ils seront réunis aux courtiers de commerce, et ne formeront avec eux qu'une seule compagnie.

3. Leur cautionnement sera de quinze mille francs.

4. Les droits pour le courtage d'assurances seront réglés d'après l'usage de nos places maritimes. Le tarif en sera reconnu et proposé immédiatement par le tribunal de commerce : notre ministre secrétaire d'Etat de l'intérieur statuera, et le règlement adopté sera affiché au tribunal de commerce et à la Bourse.

5. Les courtiers d'assurances qui seront nommés ne pourront entrer en fonctions, s'ils n'ont, au préalable, justifié du versement intégral de leur cautionnement.

(21 février 1817.)

Instruction du Garde des Sceaux aux Procureurs du roi sur l'exécution de l'art. 91 de la loi du 28 avril 1816, relatif à la transmission des offices ministériels concernant les Notaires, Avoués, Greffiers, Huissiers, Agents de change, Courtiers et Commissaires-Priseurs dans les traités qu'ils passent de leurs offices avec leurs successeurs.

« Monsieur le procureur du roi, — on se plaint, avec raison, que les prix des traités que font les officiers ministériels avec les sujets qui se proposent de leur succéder, excèdent de beaucoup la proportion des produits de leur état. Les successeurs, qui sont souvent des jeunes-gens sans expérience, contractent des engagements dont ils sentent bientôt toute la dureté. Privés, par ce surcroît de charges, de moyens honorables d'existence, plusieurs cherchent des ressources dans des opérations étrangères à leurs fonctions, et qui compromettent leur considération personnelle; d'autres (et le nombre en est assez grand) ne craignent pas d'ajouter à leurs profits, par des exactions : une cupidité honteuse remplace, tous les jours, la modération et le désintéressement dont ces officiers devraient faire profession. C'est pour mettre un terme à des désordres aussi déplorables pour la société, et dont la preuve est consignée dans les plaintes multipliées que je reçois, que je vous en signale une des principales causes. — L'usage des traités s'était introduit depuis longtemps sans avoir été autorisé; on n'y avait aucun égard avant la loi du 28 avril 1816, toutes les fois qu'il y avait lieu de faire des nominations, le roi étant entièrement libre dans ses choix. — Quelques officiers ministériels ont pensé que l'art. 44 de cette loi avait entièrement changé cet ordre de choses, en leur laissant la libre disposition de leur état. — Il est vrai que la loi dont il s'agit donne aux avocats à la Cour de cassation, notaires, avoués, greffiers, huissiers, agents de change, courtiers et commissaires-priseurs, la faculté de présenter des successeurs à l'agrément de Sa Majesté; mais il serait déraisonnable de penser que cette faculté ne doit pas être subordonnée à des règles d'ordre public.—Il vous appartient, monsieur le procureur du roi, de prévenir dans votre ressort les abus qui pourraient résulter d'une fausse interprétation de la loi du 28 avril 1816. Vous êtes, sans doute, bien convaincu qu'elle n'a pas fait revivre la vénalité des offices, qui n'est pas en harmonie avec nos institutions; vous ne devez donc voir dans les dispositions de l'art. 41 qu'une condescendance, qu'une probabilité de préférence accordée aux officiers ministériels comme un dédommagement qui, étant susceptible d'une évaluation, doit les circonscrire, pour l'avantage qu'ils en doivent tirer, dans les limites qu'il ne leur est pas permis de dépasser. — Il serait bon de surveiller les traités, patents ou secrets, qui peuvent être faits par tous ces officiers, mais j'appelle surtout votre attention sur ceux des greffiers; les abus dont on se plaint sont devenus plus sensibles dans cette classe d'officiers, et ils sont aussi plus multipliés; plusieurs greffiers, même parmi ceux des justices de paix, ont trafiqué avec un empressement vraiment scandaleux (et quelques-uns à un prix exorbitant) des places auxquelles ils viennent à peine d'être nommés. — Comme ces officiers tiennent de plus près à la magistrature, vous devez aussi apporter une attention plus sévère sur tout ce qui a rapport à leur existence et à leur considération. On ne peut en tout point les assimiler aux autres officiers ministériels; il n'existe pas pour eux de concurrence, et, conséquemment, ils ne doivent ni à leur zèle, ni à leur aptitude plus ou moins reconnue, une clientèle. Le recours à leur ministère est obligatoire pour les justiciables; il est tout à fait inconvenant que l'on mette ainsi à l'enchère des fonctions qui font, en quelque sorte, partie du pouvoir judiciaire. Je vous charge expressément de ne point souffrir que les greffiers mettent à la présentation des sujets qu'ils proposent pour leur succéder, des conditions trop onéreuses, et de refuser à ces derniers votre *admittatur*, s'ils en avaient accepté de semblables; en général, vous pouvez prendre, pour base du sacrifice que peut faire l'impétrant en faveur de son prédécesseur, une somme égale, au plus, au montant du cautionnement, ou à une ou deux années du produit du greffe. — Vous pourrez établir une base un peu plus large pour les autres officiers ministériels qui, à la différence des greffiers, se forment des clientèles; il est juste d'avoir des égards particuliers pour des hommes investis d'une confiance que la conduite et les lumières peuvent seules commander; on peut leur laisser plus de latitude, mais cependant vous devez veiller avec soin à ce que l'indemnité qu'ils stipulent soit fixée avec discrétion. Vous vous con-

certerez à ce sujet avec les syndics de leurs compagnies respectives, de manière à concilier la justice due aux titulaires avec l'intérêt public. —
Vous ne devez pas sans doute vous reposer de
cette surveillance sur les chefs de ces compagnies,
mais il est naturel que vous donniez quelque
chose à la confiance, lorsqu'ils vous paraîtront
personnellement recommandables, et toutes les
fois que vous n'aurez pas lieu de craindre que
leur intérêt particulier ne se trouve trop forte-
ment en opposition avec les règles d'équité et de
modératien que vous aurez soin de leur tracer.
— Si vous veniez à découvrir qu'un officier public, pour obtenir son admission, eût produit un
traité simulé, vous m'en donneriez avis aussitôt;
un homme qui se serait conduit d'une manière
aussi répréhensible ne mériterait pas de conserver son état, et je provoquerais sans aucun mé-
nagement sa destitution. Vous préviendrez les
candidats des suites qu'entraînerait une semblable fraude, et vous avertirez aussi les divers officiers ministériels de votre ressort ou les syndics
de leurs compagnies, que je prendrai les ordres
du roi pour toutes les collusions qui auraient
pour objet des traités simulés. — Ils ne devront
pas perdre de vue que le droit de destitution pur
et simple est complétement réservé au roi : il
sera de mon devoir de provoquer sa juste sévé-

rité toutes les fois que je croirai que le bon ordre public y est intéressé.

« *Le garde des sceaux de France, ministre de la justice.*

Signé : « PASQUIER, J.-F. »

(9 JANVIER 1818.)

Ordonnance du roi relative aux justifications à faire par les Commissaires-Priseurs pour obtenir le remboursement de leur cautionnement.

Louis, etc., etc. ; — Sur le rapport de notre ministre secrétaire d'État des finances ; — Vu la loi du 25 nivôse an XIII et le décret du 24 mars 1809, desquels il résulte que les cautionnements des commissaires-priseurs ne peuvent être rendus que sur la double justification d'un certificat d'affiches et de non-opposition, délivré par le greffier du tribunal de l'arrondissement, et d'un certificat de quitus du prix des ventes délivré par la chambre de discipline ; — Considérant qu'il importe à l'intérêt public et à celui des parties intéressées de maintenir l'obligation de cette double justification exigée par les règlements ; mais que pour certains des commissaires-priseurs créés en exécution de la loi du 28 avril 1816, ne dépendant d'aucune chambre, il convient de remplacer à leur égard le certificat de quitus qui aurait dû être délivré par la chambre dont ils au-

raient dépendu ; — Nous avons ordonné et ordonnons ce qui suit :

Art. 1er. Le certificat de quitus du produit des
ventes faites par les commissaires-priseurs exigé
par le décret du 24 mars 1809, sera, à l'égard de
ceux de ces commissaires-priseurs qui ne dépendent d'aucune chambre de discipline, délivré par
le procureur du roi du ressort de ces officiers, sur
le vu des quittances du produit des ventes ou du
récépissé de la consignation des fonds restés en
leurs mains. Le certificat énoncera que le commissaire-priseur ne dépend d'aucune chambre
de discipline, et il sera visé par le président du
tribunal (1).

(15 MAI 1818.)

Extrait de la loi des finances.

TITRE VII.

Droits d'enregistrement et de timbre.

74. Le droit d'enregistrement des ventes d'objets
mobiliers, fixé à deux pour cent par l'art. 69 de
la loi du 22 frimaire an VII, est réduit à cinquante centimes par cent francs pour les ventes
publiques de marchandises, qui, conformément
au décret du 17 avril 1812, seront faites à la
Bourse et aux enchères, par le ministère des

(1) Voir ci-après ordonnance du 22 août 1821.

courtiers de commerce, d'après l'autorisation du tribunal de commerce.

—

(17 JUIN 1818.)

Ordonnance du roi qui porte à huit le nombre des courtiers d'assurances maritimes créés près la Bourse de Paris.

Art. 1er. Le nombre des courtiers d'assurances maritimes créés par notre ordonnance du 18 décembre 1816 près la Bourse de Paris, est porté à huit.

2. Il n'est rien innové par la présente aux autres dispositions de l'ordonnance précitée.

—

(1er JUILLET 1818.)

Ordonnance du roi portant que le tribunal et la chambre de commerce de Paris concourront à la formation du tableau des marchandises que les courtiers peuvent vendre.

Art. 1er. Lorsqu'il y aura quelques changements dans le tableau des espèces de marchandises que les courtiers de commerce, à Paris, peuvent vendre à la Bourse et aux enchères, dans les formes déterminées par le décret du 17 avril 1812 et l'art. 74 de la loi du 15 mai 1818, le tribunal de commerce et la chambre de commerce de Paris concourront à ces changements dans le même sens que l'ordonne, pour le reste du royaume, l'art. 2 du décret précité. Leurs avis seront soumis à notre ministre secrétaire d'État au département de l'intérieur, qui statuera (¹).

—

(9 AVRIL 1819.)

Ordonnance du roi concernant les ventes publiques de marchandises faites par le ministère des courtiers.

Art. 1er. Les ventes publiques de marchandises à l'enchère, faites par le ministère des courtiers, pourront avoir lieu au domicile du vendeur, ou en tout autre lieu convenable, dans les villes où il n'y aura pas de local affecté à la Bourse, et fréquenté par les commerçants. — Il sera prononcé sur cette faculté par les tribunaux de commerce auxquels, en vertu de l'art. 492 du Code de commerce, des décrets du 22 novembre 1811 et 17 avril 1812, et de l'art. 14 de la loi du 15 mai 1818, il appartient d'autoriser les ventes publiques de marchandises par le ministère des courtiers.

2. Dans les villes où la Bourse est ouverte et fréquentée, les tribunaux de commerce pourront aussi permettre la vente à domicile ou ailleurs, mais seulement dans le cas où ils estimeront que l'état ou la nature de la marchandise ne permet pas qu'elle soit exposée en vente à la Bourse, ou qu'elle y soit vendue sur échantillons.

(¹) Voir l'ordonnance ci-après du 9 avril 1819.

3. **Dans** tous les cas, l'ordonnance du tribunal fixera le lieu et l'heure des ventes, de manière que la réunion des courtiers et le concours des acheteurs puissent leur conserver le même degré de publicité.

4. Il ne pourra être mis aux enchères, dans lesdites ventes, que les marchandises spécifiées dans l'ordonnance du tribunal, lesquelles ne pourront être d'autre espèce que celles qui seront comprises aux états qui seront dressés, en conformité du décret du 17 avril 1812, et de notre ordonnance du 1ᵉʳ juillet 1818.

5. Les tribunaux de commerce pourront, par leur ordonnance motivée, déroger à la fixation du maximum et du minimum de la valeur des lots, portée au décret du 17 avril 1812, et de notre ordonnance du 1ᵉʳ juillet 1818, s'ils reconnaissent que les circonstances exigent cette exception, sous la réserve néanmoins qu'ils ne pourront autoriser la vente des articles, pièce à pièce, ou en lots à la portée immédiate de particuliers consommateurs, mais seulement en nombre et quantité suffisante, d'après les usages, pour ne pas contrarier les opérations du commerce en détail. — Les dispositions du décret du 17 avril 1812, contraires à celles de la présente ordonnance, sont abrogées.

(1ᵉʳ MARS 1820.)

Ordonnance du roi portant révocation, après deux mois de sa promulgation, des Agents de change et Courtiers qui n'auront point fait les cautionnements exigés par la loi de finance du 28 avril 1816 (¹).

Art. 1ᵉʳ. Tous agents de change et courtiers qui n'ont point acquitté les cautionnements ou suppléments de cautionnement exigés par la loi de finances du 28 avril 1816, sont tenus de le faire dans les deux mois qui suivront la publication de la présente ordonnance.

2. Ledit délai expiré, nous déclarons révoquées les commissions de ceux qui n'auront pas satisfait à la loi : ils seront tenus de cesser leurs fonctions.

3. Défenses sont faites, après le délai susdit, aux receveurs-généraux et particuliers, d'admettre aucun versement de la part des agents de change et courtiers retardataires.

4. Nos receveurs-généraux transmettront à nos préfets de chaque département un état, certifié par eux, de ceux de ces agents qui auront rempli les obligations que la loi leur impose, dans le délai donné à l'article 1ᵉʳ de la présente ordonnance.

(¹) Voir ci-dessus l'art. 95 de la loi du 28 avril 1816, portant qu'il sera pourvu au remplacement des divers fonctionnaires appelés à faire des cautionnements ou suppléments de cautionnements, qui n'y auraient pas satisfait dans les délais fixés par cette loi.

5. Au reçu desdits états, nos préfets feront rayer de la liste des agents de change et courtiers, affichée dans les Bourses de commerce des villes où il en existe, les titulaires qui ne seront pas portés sur ces états et n'auront pas satisfait à la loi. Ils feront procéder immédiatement, dans les formes prescrites par l'arrêté du 29 germinal an IX (19 avril 1801), à la présentation de candidats pour les remplacer. Les listes de présentation seront adressées par eux à notre ministre secrétaire d'État de l'intérieur.

6. Les agents de change et courtiers révoqués en vertu de l'article 2, qui continueront à exercer leurs fonctions, seront poursuivis conformément aux lois.

7. Nos ministres secrétaires d'Etat de l'intérieur et des finances sont chargés de l'exécution de la présente ordonnance.

—

(22 aout 1821.)

Ordonnance du roi relative au rèmboursement des cautionnements des commissaires-priseurs et des huissiers.

Louis, etc.—Sur le compte qui nous a été rendu, que, dans plusieurs circonstances, les commissaires-priseurs et les huissiers étaient hors d'état de faire, après un long exercice, les justifications nécessaires pour obtenir le certificat de *quitus*

exigé par le décret du 24 mars 1809, à l'effet de recevoir le remboursement de leur cautionnment;
— Vu la loi du 25 nivôse an XIII, les décrets des 18 septembre 1806 et 24 mars 1809, et notre ordonnance du 9 janvier 1818; — Voulant concilier les droits acquis aux tiers intéressés sur les cautionnements des officiers ministériels, et ceux de ces mêmes officiers à en être remboursés, lorsqu'après une publicité suffisante de la cessation de leurs fonctions, il ne survient aucune opposition; sur le rapport de notre ministre secrétaire d'État des finances; — Notre Conseil d'État entendu, — Nous avons ordonné et ordonnons ce qui suit:

Art. 1er. Lorsque des commissaires-priseurs ou huissiers auront cessé leurs fonctions, et que les titulaires, leurs héritiers ou ayants cause, seront dans l'impossibilité de représenter toutes les pièces comptables nécessaires pour obtenir le certificat de *quitus* exigé par le décret du 24 mars 1809, les chambres de discipline dont les titulaires dépendaient, ou le procureur du roi du ressort, dans les cas prévus par notre ordonnance du 9 janvier 1818, constateront cette impossibilité, et en déduiront les motifs; les chambres de discipline, par une délibération, et le procureur du roi, dans un avis donné sur la demande des titulaires, de leurs ayants cause ou de leurs créanciers.

2. Dans le cas prévu en l'art. ci-dessus, la déclaration de cessation de fonctions devra, outre l'affiche prescrite par l'art. 5 de la loi du 25 nivôse an XIII, être insérée, à la poursuite du titulaire ou de ses ayants droit, pendant chacun des trois mois que durera ladite affiche, dans un des journaux imprimés au chef-lieu de l'arrondissement du tribunal, ou à défaut au chef-lieu du département.

3. Le certificat des chambres de discipline ou des procureurs du roi attestant l'accomplissement des formalités réglées par les articles précédents tiendra lieu du certificat de *quitus* exigé par le décret du 24 mars 1809.

4. A l'avenir, les commissaires-priseurs et les huissiers seront admis à faire régler chaque année par leurs chambres de discipline, et, à défaut de chambre de discipline, par le procureur du roi du ressort, le compte de leur gestion antérieure.

Ce règlement de compte, qui ne pourra porter aucun préjudice aux droits des tiers intéressés, aura pour effet de décharger les titulaires de l'obligation de représenter, lors de la cessation de leurs fonctions et pour tout le temps compris audit règlement, le certificat de *quitus* prescrit par le décret du 24 mars 1809.

(31 JUILLET 1822.)

Ordonnance du roi concernant l'incompatibilité entre les fonctions de notaire et celles de commissaire-priseur.

Louis, etc.; — Vu le rapport de notre garde des sceaux, ministre secrétaire d'État au département de la justice, duquel il résulte que la disposition de l'art. 11 de notre ordonnance du 26 juin 1816, donne lieu à des réclamations fondées sur les termes de l'art. 7 de la loi du 16 mars 1803 (15 vent. an XI); — Voulant faire cesser toute incertitude à cet égard; — Vu l'ordonnance et la loi précitées, — Nous avons ordonné et ordonnons ce qui suit :

Art. 1er. La disposition de l'art. 11 de notre ordonnance du 26 juin 1816, qui permet d'exercer les fonctions de commissaire-priseur cumulativement avec celles de notaire, est rapportée.

2. Les notaires et les commissaires-priseurs qui cumulent ces deux fonctions seront tenus d'opter, dans les trois mois de la publication de la présente ordonnance. Faute par eux d'opter dans ce délai, il sera pourvu à leur remplacement comme commissaires-priseurs, sans qu'ils puissent présenter de successeur.

3. L'option sera constatée par acte déposé au greffe du tribunal de première instance de l'arrondissement.

(28 JUIN 1823)

Administration des contributions indirectes.

Monsieur, l'art. 4 de la décision prise par son excellence le ministre des finances le 15 novembre dernier, et dont il vous a été donné connaissance par la note finale du troisième trimestre 1822, est ainsi conçu :

« Seront également essayés aux touchaux, à Paris et dans les départements, pour être marqués des poinçons français ou étrangers, suivant l'exigence des cas, les ouvrages d'or et d'argent provenant des ventes publiques faites après décès, lors toutefois qu'il sera constaté au procès-verbal de vente que lesdits ouvrages ont été adjugés à l'un ou à plusieurs des héritiers appelés aux successions ouvertes par décès. »

Cette disposition ne pouvant se concilier avec les instructions qui ont prescrit de saisir tout ouvrage exposé dans les ventes publiques, qui ne serait pas revêtu des poinçons actuels, et d'actionner l'officier public qui présiderait à ces ventes, sauf son recours contre ses commettants, j'ai cru devoir prendre les ordres de son excellence sur la question de savoir si les ouvrages exposés dans les ventes publiques doivent être marqués avant ou après la vente. — Son excellence me répond, par sa lettre du 11 de ce mois, qu'il suffit d'exiger des commissaires-priseurs une déclaration des effets d'or et d'argent qu'ils veulent mettre en vente, et que c'est seulement après l'adjudication que ces effets doivent être essayés, poinçonnés et soumis à la perception du droit, à moins que, pour se dispenser de ces obligations, l'adjudicataire ne déclare ne pas vouloir conserver dans leur forme les objets qui lui ont été adjugés, auquel cas ils doivent être brisés par l'employé qui a été spécialement chargé d'assister à la vente. — Cette décision aplanit les difficultés que l'art. 4 de celle du 15 novembre dernier pouvait rencontrer dans son exécution. Vous voudrez bien veiller à ce que les intentions de son excellence soient ponctuellement remplies. — Je suis, etc.

Le conseiller d'État, directeur-général,

Signé : P. V. BENOIST.

(16 JUIN 1824.)

Extrait de la loi relative aux droits d'enregistrement
et de timbre.

Art. 10. Les amendes progressives prononcées, dans certains cas, contre les fonctionnaires publics et les officiers ministériels par les lois sur l'enregistrement et le dépôt des répertoires, sont réduites à une seule amende de dix francs, quelle que soit la durée du retard. — Toutes les amendes fixes prononcées par les lois sur l'enregistrement, le timbre, les ventes publiques de meubles et le notariat, ainsi que celles résultant du défaut de mention des patentes dans les actes et du défaut de consignation des amendes d'appel, sont réduites, savoir : celles de 500 fr., à 50 fr.; celles de 100 fr., à 20 fr.; celles de 50 fr., à 10 fr.; et toutes celles au-dessous de 50 fr., à 5 fr.

11. Les dispositions des lois relatives à la tenue et au dépôt des répertoires sont applicables aux commissaires-priseurs et aux courtiers de commerce, mais seulement pour les procès-verbaux de ventes de meubles et de marchandises, et pour les actes faits en conséquence de ces ventes.

14. La prescription de deux ans, établie par le nombre 1er de l'art. 64 de la loi du 12 décembre 1798, s'appliquera tant aux amendes de contraventions aux dispositions de ladite loi, qu'aux amendes pour contraventions aux lois sur le timbre et sur les ventes de meubles. Elle courra du jour où les préposés auront été mis à portée de constater la contravention, au vu de chaque acte soumis à l'enregistrement, ou du jour de la présentation des répertoires à leur *visa* (¹).

(¹) Ces dispositions ne concernent que les amendes fixes et celles qui sont encourues par les fonctionnaires publics. Elles ne sont pas applicables aux amendes encourues par le particulier qui a vendu ou fait vendre publiquement et par enchère des meubles sans le ministère d'un officier public. Cette usurpation de fonctions,

(5 AVRIL 1827.)

**Lettre du garde des sceaux concernant l'annexe
des procurations.**

Vous exposez, monsieur, qu'il s'est élevé une
difficulté entre le juge de paix et vous, sur la
question de savoir si les procurations des héritiers absents doivent être annexées au procès-
verbal de levée de scellés, ou à l'intitulé de l'inventaire dressé par le notaire : c'est à ce dernier
acte que les procurations doivent être jointes.
L'inventaire a été toujours considéré comme un
acte indicatif des qualités; or, il ne peut l'être
qu'en réunissant les actes indispensables, et je ne
peux regarder comme tels que les procurations,
qui, seules, me paraissent devoir être annexées;
seulement, le juge de paix peut en faire mention
dans son procès-verbal. — *Le garde des sceaux.*

Signé : Comte DE PEYRONNET.

(24 AVRIL 1828.)

Note ministérielle portant que les ventes d'effets mobiliers
provenant du matériel de la guerre, doivent être effectuées
sans l'intervention des commissaires-priseurs. (*Journal
militaire*, 1er semestre 1828, page 117.)

Les commissaires-priseurs ayant réclamé le
droit d'intervenir dans les ventes d'objets mobi-

aux termes de l'art. 7 de la loi du 22 pluviôse an VII, est passible
d'une amende qui ne peut être au-dessous de 50 francs, ni excéder 1,000 francs pour chaque vente, outre la restitution des droits
qui se trouveront dus.

liers appartenant à l'État, Son Exc. le ministre des finances a décidé, le 9 novembre 1827, que, d'après la législation existante, ce droit était exclusivement attribué aux préposés de l'administration de l'enregistrement et des domaines. — En conséquence de cette décision, qui ne reconnaît aucune exception, toutes les ventes d'effets mobiliers provenant du matériel de la guerre ne pourront être effectuées que par les agents du domaine, concurremment avec les membres du corps de l'intendance militaire, et sans l'intervention des commissaires-priseurs (¹).

———

(31 AOUT 1830.)

Extrait de la loi relative au serment des fonctionnaires publics.

Art. 1er. Tous les fonctionnaires publics dans l'ordre administratif et judiciaire.... seront tenus de prêter le serment dont la teneur suit :

Je jure fidélité au roi des Français, obéissance à la Charte constitutionnelle et aux lois du royaume.

Il ne pourra être exigé d'eux aucun autre serment, si ce n'est en vertu d'une loi.

———

(¹) Dans l'intérêt de l'administration, il serait à désirer qu'il en fût autrement. Dans notre *Journal des Commissaires-Priseurs,* 3me vol., nous démontrerons l'avantage réel qu'y trouverait l'administration et les inconvénients graves qu'elle ferait disparaître.

———

(22 avril 1852.)

Extrait de la loi des finances du 22 avril 1852, relative aux droits de mutations par décès, et à l'enregistrement de l'ordonnance de nomination.

TITRE III.

Enregistrement.

Art. 33. Les droits d'enregistrement des donations entre-vifs, et des mutations par décès, soit par succession, soit par testament ou autres actes de libéralité à cause de mort, qui auront lieu à compter de la promulgation de la présente loi, de biens meubles ou immeubles, en ligne collatérale et entre personnes non parentes, seront perçus selon les quotités établies ci-après : — Entre frères et sœurs, oncles, tantes, neveux et nièces ; — Pour les donations entre-vifs, par contrat de mariage :

Sur les meubles, 2 fr. p. 0/0. . . . 2 fr. » c.
Sur les immeubles, 4 fr. 50 c. p. 0/0. 4   50

Pour les donations entre-vifs, hors contrat de mariage et les mutations par décès :

Sur les meubles, 3 fr. p. 0/0. . . . 3   »
Sur les immeubles, 6 fr. 50 c. p. 0/0. 6   50

Entre grands-oncles et grand'tantes, petits-neveux et petites-nièces, cousins germains ;

Pour les donations entre-vifs par contrat de mariage :

Sur les meubles, 2 fr. 50 c. p. 0/0. . 2   50
Sur les immeubles, 5 fr. p. 0/0. . . 5   »

Pour les donations entre-vifs, hors contrat de mariage, et les mutations par décès :

Sur les meubles, 4 fr. p. 0/0. . . . 4   »
Sur les immeubles, 7 fr. p. 0/0. . 7   »

Entre parents au delà du quatrième degré, et jusqu'au douzième ;

Pour les donations entre-vifs, par contrat de mariage :

Sur les meubles, 3 fr. p. 0/0. . . . 3   »
Sur les immeubles, 5 fr. 50 c. p. 0/0. 5   50

Pour les donations entre-vifs, hors contrat de mariage, et les mutations par décès :

Sur les meubles, 5 fr. p. 0/0. . . . 5   »
Sur les immeubles, 8 fr. p. 0/0. . . 8   »

Entre personnes non parentes ;

Pour les donations entre-vifs, par contrat de mariage :

Sur les meubles, 4 fr. p. 0/0. . . . 4 fr.   » c.
Sur les immeubles, 6 fr. p. 0/0. . . 6   »

Pour les donations entre-vifs, hors contrat de mariage, et les mutations par décès :

Sur les meubles, 6 fr. p. 0/0. 6   »
Sur les immeubles, 9 fr. p. 0/0. . . 9   »

34. Les ordonnances portant nomination des avocats à la cour de cassation, notaires, avoués, greffiers, huissiers, agents de change, courtiers et commissaires-priseurs seront assujetties, à compter du jour de la promulgation de la présente loi, à un droit d'enregistrement de dix pour cent sur le montant du cautionnement attaché à la fonction ou à l'emploi (¹).

Ce droit sera perçu sur la première expédition de l'ordonnance, dans le mois de sa délivrance, sous peine d'un double droit. Les nouveaux titulaires ne pourront être admis au serment qu'en produisant ladite expédition revêtue de la formalité de l'enregistrement. En cas de délivrance d'une seconde ou de subséquentes expéditions, la relation de l'enregistrement y sera mentionnée, sans frais, par le receveur du bureau où la formalité aura été donnée et les droits acquittés. —

(¹) On avait demandé comme étant plus équitable que le droit d'enregistrement fût perçu sur le montant des sommes portées dans les traités, et, à cette occasion, M. Taillandier avait fait observer, avec raison, que le cautionnement des charges offrait une mauvaise base pour la perception du droit d'enregistrement, parce que souvent un faible cautionnement est affecté à des offices qui produisent des revenus considérables, et qui, par conséquent, se vendent un prix élevé, tandis qu'au contraire des cautionnements assez forts sont imposés à des charges peu lucratives et d'une valeur vénale minime ; mais on a été arrêté par cette considération, qu'en adoptant pour base le prix des traités, on engagerait ainsi les parties intéressées à dissimuler ce prix, et que ce serait organiser la fraude. La proposition a donc été rejetée.

Les expéditions des ordonnances de nomination destinées aux parties sont assujetties au timbre.

———

(24 MAI 1834.)

Extrait de la loi des finances du 24 mai 1834, relative aux droits d'enregistrement à percevoir dans les ventes après faillite.

TITRE II.

Des droits d'enregistrement et de timbre.

Art. 2. Les procès-verbaux d'apposition, de reconnaissance et de levée de scellés, et les inventaires dressés après faillite, dans les cas prévus par les articles 449, 450 et 486 du Code de commerce, ne seront assujettis chacun qu'à un seul droit fixe d'enregistrement de deux francs, quel que soit le nombre des vacations.

12. Les ventes de meubles et marchandises, qui seront faites conformément à l'article 492 du Code de commerce, ne seront assujetties qu'au droit proportionnel de cinquante centimes par cent francs.

———

(25 JUIN 1841.)

Extrait de la loi sur les transmissions d'offices.

Art. 6. A compter de la promulgation de la présente loi, tout traité ou convention ayant pour objet la transmission, à titre onéreux ou gratuit, en vertu de l'article 91 de la loi du 28 avril 1816, d'un office, de la clientèle, des minutes, répertoires, recouvrements et autres objets en dépendant, devra être constaté par écrit, et enregistré, avant d'être produit à l'appui de la demande de nomination du successeur désigné. — Les droits d'enregistrement seront perçus sur les bases et quotités ci-après déterminées.

7. Pour les transmissions à titre onéreux, le droit d'enregistrement sera de 2 pour cent du prix exprimé dans l'acte de cession et du capital des charges qui pourront ajouter au prix.

8. Si la transmission de l'office et des objets en dépendant s'opère par suite de disposition gratuite entre-vifs ou à cause de mort, les droits établis pour les donations de biens meubles, par les lois existantes, seront perçus sur l'acte ou écrit constatant la libéralité, d'après une évaluation en capital. — Dans aucun cas le droit ne pourra être au-dessous de 2 pour cent.

9. La perception aura lieu conformément à l'article 7, lorsque l'office transmis par décès passera à l'un des héritiers; lorsqu'il passera à l'héritier unique du titulaire, le droit de 2 pour cent sera perçu d'après une déclaration estimative de la valeur de l'office et des objets en dépendant. — Cette déclaration sera faite au bureau d'enregistrement de la résidence du titulaire décédé.

La quittance du receveur devra être jointe à l'appui de la demande de nomination du successeur.

— Le droit acquitté sur cette déclaration, ou sur le traité fait entre les cohéritiers, sera imputé, jusqu'à due concurrence, sur celui que les héritiers auront à payer, lors de la déclaration de succession, sur la valeur estimative de l'office, d'après les quotités fixées, pour les biens meubles, par les lois en vigueur.

10. Le droit d'enregistrement de transmission des offices, déterminé par les articles 7, 8 et 9 ci-dessus, ne pourra, dans aucun cas, être inférieur au dixième du cautionnement attaché à la fonction ou à l'emploi.

11. Lorsque l'évaluation donnée à un office pour la perception du droit d'enregistrement d'une transmission à titre gratuit, entre-vifs ou par décès, sera reconnue insuffisante, ou que la simulation du prix exprimé dans l'acte de cession à titre onéreux sera établie d'après des actes émanés des parties ou de l'autorité administrative ou judiciaire, il sera perçu, à titre d'amende, un droit en sus de celui qui sera dû sur la différence de prix ou d'évaluation (¹).

(¹) Sur cette disposition, M. Chégaray a présenté l'observation suivante : « L'article en discussion impose à titre de pénalité à la simulation du prix dans les actes portant cession d'office, le payement d'une amende. Je pense que par cette disposition, le gouvernement et la commission n'ont pas entendu déroger à d'autres peines que la jurisprudence a établies pour ces cas de simulation.

Les parties, leurs héritiers ou ayants cause sont solidaires pour le payement de cette amende.

12. En cas de création nouvelle de charges ou offices, ou en cas de nomination de nouveaux titulaires sans présentation, par suite de destitution ou par tout autre motif, les ordonnances qui y pourvoiront seront assujetties à un droit d'enregistrement de 20 pour cent sur le montant du cautionnement attaché à la fonction ou à l'emploi.

Toutefois, si les nouveaux titulaires sont soumis, comme condition de leur nomination, à payer une somme déterminée pour la valeur de l'office, le droit d'enregistrement de 2 pour cent sera exigible sur cette somme, sauf l'application du minimum de perception établi à l'article 10 ci-dessus. Ce droit devra être acquitté avant la

·— Sans doute, **M.** le garde des sceaux sait trop bien que si cette réserve n'était pas faite, on ne manquerait pas de se faire de l'établissement d'une peine nouvelle une fin de non-recevoir contre la réquisition de peines plus graves. Je demande donc qu'il soit bien expliqué que ni les poursuites disciplinaires, ni les peines de nullité, que la jurisprudence a plusieurs fois imposées aux simulations, ne sont nullement atteintes par la nouvelle disposition. » — **M.** le garde des sceaux a répondu qu'il fallait renfermer les dispositions du budget dans le but qu'elles doivent atteindre ; qu'il s'agit de l'établissement d'un droit de mutation, de la peine qu'on encourra si on élude le payement du droit. Mais, a-t-il ajouté, il est certain que les peines restent tout entières, et il en est de même des peines de nullité.

Sur quoi **M.** le président a dit : « Il est bien entendu que la loi de finances ne règle que les pénalités financières. »

prestation de serment du nouveau titulaire, sous peine du double droit.

13. En cas de suppression d'un titre d'office, lorsqu'à défaut de traité l'ordonnance qui prononcera l'extinction fixera une indemnité à payer au titulaire de l'office supprimé ou à ses héritiers, l'expédition de cette ordonnance devra être enregistrée dans le mois de la délivrance, sous peine du double droit.

Le droit de 2 pour cent sera perçu sur le montant de l'indemnité.

14. Les droits perçus en vertu des articles qui précèdent seront sujets à restitution toutes les fois que la transmission n'aura été suivie d'aucun effet.

S'il y a lieu à réduction du prix, tout ce qui aura été perçu sur l'excédant sera également restitué.

La demande en restitution devra être faite conformément à l'article 64 de la loi du 22 frimaire an VII, dans le délai de deux ans à compter du jour de l'enregistrement du traité ou de la déclaration.

(25 juin 1841.)

Loi sur les ventes aux enchères de marchandises neuves (¹).

Louis-Philippe, etc.

Art. 1ᵉʳ. Sont interdites les ventes en détail des marchandises neuves, à cri public, soit aux enchères, soit au rabais, soit à prix fixe proclamé avec ou sans l'assistance des officiers ministériels.

2. Ne sont pas comprises dans cette défense les ventes prescrites par la loi, ou faites par autorité de justice, non plus que les ventes après décès, faillite ou cessation de commerce, ou dans tous les autres cas de nécessité dont l'appréciation sera soumise au tribunal de commerce. Sont également exceptées les ventes à cri public de comestibles et objets de peu de valeur, connus dans le commerce sous le nom de menue mercerie.

3. Les ventes publiques et en détail de marchandises neuves qui auront lieu après décès ou par autorité de justice seront faites selon les formes prescrites et par les officiers ministériels préposés pour la vente forcée du mobilier, conformément aux art. 625 et 945 du C. de proc. civ.

4. Les ventes de marchandises après faillite

(¹) Voir notre Commentaire sur les ventes publiques de meubles, qui contient les rapports, la discussion et l'explication article par article de cette loi.

seront faites, conformément à l'art. 486 du Code de commerce, par un officier public de la classe que le juge-commissaire aura déterminée. Quant au mobilier du failli, il ne pourra être vendu aux enchères que par le ministère des commissaires-priseurs, notaires, huissiers ou greffiers de justice de paix, conformément aux lois et règlements qui déterminent les attributions de ces différents officiers.

5. Les ventes publiques et par enchères après cessation de commerce, ou dans les autres cas de nécessité prévus par l'art. 2 de la présente loi, ne pourront avoir lieu qu'autant qu'elles auront été préalablement autorisées par le tribunal de commerce, sur la requête du commerçant propriétaire, à laquelle sera joint un état détaillé des marchandises. Le tribunal constatera, par son jugement, le fait qui donne lieu à la vente; il indiquera le lieu de son arrondissement où se fera la vente; il pourra même ordonner que les adjudications n'auront lieu que par lots dont il fixera l'importance. Il décidera, d'après les lois et règlements d'attribution, qui, des courtiers ou des commissaires-priseurs et autres officiers publics, sera chargé de la réception des enchères. L'autorisation ne pourra être accordée pour cause de nécessité qu'au marchand sédentaire, ayant depuis un an au moins son domicile réel dans l'arrondissement où la vente doit être opérée. Des

affiches apposées à la porte du lieu où se fera la vente énonceront le jugement qui l'aura autorisée.

6. Les ventes publiques aux enchères de marchandises en gros continueront à être faites par le ministère des courtiers, dans les cas, aux conditions et selon les formes indiquées par les décrets des 22 novembre 1811, 17 avril 1812, la loi du 15 mai 1818 et les ordonnances des 1er juillet 1818 et 9 avril 1819.

7. Toute contravention aux dispositions ci-dessus sera punie de la confiscation des marchandises mises en vente, et, en outre, d'une amende de 50 à 3,000 fr., qui sera prononcée solidairement, tant contre le vendeur que contre l'officier public qui l'aura assisté, sans préjudice des dommages-intérêts, s'il y a lieu. Ces condamnations seront prononcées par les tribunaux correctionnels.

8. Seront passibles des mêmes peines les vendeurs ou officiers publics qui comprendraient sciemment dans les ventes faites par autorité de justice, sur saisie, après décès, faillite, cessation de commerce, ou dans les autres cas de nécessité prévus par l'art. 2 de la présente loi, des marchandises neuves ne faisant pas partie du fonds ou mobilier mis en vente.

9. Dans tous les cas ci-dessus où les ventes publiques seront faites par le ministère des cour-

tiers, ils se conformeront aux lois qui les régissent, tant pour les formes de la vente que pour les droits de courtage.

10. Dans les lieux où il n'y aura point de courtiers de commerce, les commissaires-priseurs, les notaires, les huissiers et greffiers de justice de paix feront les ventes ci-dessus, selon les droits qui leur sont respectivement attribués par les lois et règlements. Ils seront, pour lesdites ventes, soumis aux formes, conditions et tarifs imposés aux courtiers. La présente loi, discutée, délibérée et adoptée par la Chambre des pairs et par celle des députés, et sanctionnée par nous cejourd'hui, sera exécutée comme loi de l'État.

(1er JUILLET 1841.)

Instruction de l'administration de l'Enregistrement, relative à l'exécution de la loi du 25 juin 1841 sur les ventes aux enchères de marchandises neuves.

D'après l'art. 1er de la loi du 22 pluviôse an VII, les formes spéciales prescrites par cette loi s'appliquent à toute vente publique de *marchandises* et d'objets mobiliers; elles doivent par conséquent être suivies pour les ventes de marchandises neuves, faites en vertu de la loi du 25 juin 1841 ci-dessus; l'art. 13 du décret du 17 avril 1812 les a d'ailleurs particulièrement imposées aux courtiers de commerce pour les ventes de l'espèce.

Les préposés de l'enregistrement ont été chargés, par la loi du 22 pluviôse an VII, de veiller à l'exécution des dispositions relatives aux ventes de meubles en général ; cette surveillance doit s'exercer sur les ventes de marchandises neuves avec d'autant plus d'activité, que ces ventes sont considérables et peuvent produire des droits importants pour les poursuites des contraventions ; elle aura lieu selon le mode déterminé par l'article 8 de la loi du 22 pluviôse an II.

Les ventes publiques de marchandises en gros, faites par les courtiers de commerce, dans les cas prévus par l'art. 6 de la loi du 25 juin 1841, ne sont, aux termes de l'art. 34 de la loi du 15 mai 1818, sujettes qu'au droit de 50 cent. pour 100 fr.; il en sera de même lorsque les ventes seront faites, en vertu de l'art. 10 de la loi nouvelle, par les commissaires-priseurs, les notaires, huissiers et greffiers, dans les lieux où il n'y aura point de courtiers de commerce. Le droit de 50 cent. par 100 fr. est également applicable, suivant l'art. 12 de la loi du 24 mai 1834, aux ventes de marchandises après faillite et du mobilier du failli, qui sont l'objet de l'art. 4 de la nouvelle loi. — Dans tous les autres cas, les ventes de marchandises neuves sont passibles du droit de 2 p. 100, établi par l'art. 69, § 5, nᵒ 1, de la loi du 22 frimaire an VII, pour les ventes d'objets mobiliers.

(18 JUIN 1843.)

Loi sur le tarif des commissaires-priseurs.

Art. 1er. Il sera alloué aux commissaires-priseurs :

1° Pour droits de prisée, pour chaque vacation de trois heures, à Paris, Lyon, Bordeaux, Rouen, Toulouse et Marseille, 6 fr.

Partout ailleurs, 5 fr.

2° Pour assistance aux référés ou pour chaque vacation, à Paris, Lyon, Bordeaux, Toulouse et Marseille, 5 fr.

Partout ailleurs, 4 fr.

3° Pour tous droits de vente, non compris les déboursés pour y parvenir et en acquitter les droits, non plus que la rédaction des placards, 6 pour cent sur le produit des ventes, sans distinction de résidence.

Il pourra, en outre, être alloué une ou plusieurs vacations sur la réquisition des parties, constatée par procès-verbal du commissaire-priseur, à l'effet de préprarer les objets mis en vente.

Ces vacations extraordinaires ne seront passées en taxe qu'autant que le produit de la vente s'élèvera à 3,000 fr.

Chacune de ces vacations de trois heures donnera droit aux émoluments fixés par le n° 1er du présent article.

4° Pour expédition ou extrait de procès-verbaux de vente, s'ils sont requis, outre le timbre, et pour chaque rôle de vingt-cinq lignes à la page et de quinze syllabes à la ligne, 1 fr. 50 c.

Pour consignation à la caisse, s'il y a lieu, à Paris, Lyon, Bordeaux, Rouen, Toulouse et Marseille, 6 fr.

Partout ailleurs, 5 fr.

Pour assistance à l'essai ou au poinçonnage des matières d'or et d'argent, à Paris, Lyon, Bordeaux, Rouen, Toulouse et Marseille, 6 fr.

Partout ailleurs, 5 fr.

Pour payement des contributions conformément aux dispositions des lois des 13 et 18 août 1791 et 12 novembre 1808, à Paris, Lyon, Bordeaux, Rouen, Toulouse et Marseille, 4 fr.

Partout ailleurs, 3 fr.

2. L'état des vacations, droits et remises alloués aux commissaires-priseurs sera délivré sans frais aux parties. Si la taxe est requise, elle sera faite par le président du tribunal de première instance ou par un juge délégué.

3. Toutes perceptions directes ou indirectes autres que celles autorisées par la présente loi, à quelque titre et sous quelque dénomination qu'elles aient lieu, sont formellement interdites.

En cas de contravention, l'officier public pourra être suspendu ou destitué, sans préjudice de l'action en répétition de la partie lésée et des peines prononcées par la loi contre la concussion.

4. Il est également interdit aux commissaires-priseurs de faire aucun abonnement ou modification à raison des droits ci-dessus fixés, si ce n'est avec l'État et les établissements publics.

Toute contravention sera punie d'une suspension de quinze jours à six mois. En cas de récidive la destitution pourra être prononcée.

5. Il y aura entre les commissaires-priseurs d'une même résidence une bourse commune dans laquelle entrera la moitié des droits proportionnels qui leur seront alloués sur chaque vente.

Néanmoins les commissaires-priseurs attachés aux Monts-de-Piété et les commissaires-priseurs du domaine feront leurs versements à la bourse commune, conformément aux traités passés entre eux et les autres commissaires.

Ces traités seront soumis à l'homologation du tribunal de première instance, sur les conclusions du procureur du roi.

6. Toute convention entre les commissaires-priseurs, qui aurait pour objet de modifier directement ou indirectement le taux fixé par l'article précédent, est nulle de plein droit, et les officiers qui auraient concouru à cette convention encourront les peines prononcées par l'art. 4 ci-dessus.

7. Les fonds de la bourse commune sont affectés comme garantie principale au payement des de-

niers produits par les ventes; ils seront saisissables.

8. La répartition des émoluments de la bourse commune sera faite, tous les deux mois, par portions égales entre les commissaires-priseurs.

9. Les commissaires-priseurs de Paris continueront à être régis par les dispositions de l'arrêté du 29 germinal an IX, relativement à leur chambre de discipline.

Les dispositions de cet arrêté pourront être étendues par ordonnance royale, rendue dans la forme des règlements d'administration publique, aux chambres de discipline qui seraient instituées dans d'autres localités.

10. Toutes les dispositions contraires à la présente loi sont et demeurent abrogées.

———

(25 AVRIL, 7 MAI 1844.)

Loi sur les patentes.

Art. 1er. Tout individu, français ou étranger, qui exerce en France un commerce, une industrie, une profession non compris dans les exceptions déterminées par la présente loi, est assujetti à la contribution des patentes.

2. La contribution des patentes se compose d'un droit fixe et d'un droit proportionnel.

3. Le droit fixe est réglé conformément aux tableaux A, B, C, annexés au bulletin officiel de la présente loi. Il est établi : eu égard à la po—

pulation et d'après un tarif général pour les industries et professions énumérées dans le tableau A ; eu égard à la population et d'après un tarif exceptionnel, pour les industries et professions portées dans le tableau B ; sans égard à la population pour celles qui font l'objet du tableau C.

4. Les commerces, industries et professions non dénommés dans ces tableaux, n'en sont pas moins assujettis à la patente. Le droit fixe auquel ils doivent être soumis est réglé, d'après l'analogie des opérations ou des objets de commerce, par un arrêté spécial du préfet rendu sur la proposition du directeur des contributions directes, et après avoir pris l'avis du maire. Tous les cinq ans, des tableaux additionnels contenant la nomenclature des commerces, industries et professions classés par voie d'assimilation, depuis trois années au moins, seront soumis à la sanction législative.

5. Pour les professions dont le droit fixe varie en raison de la population du lieu où elles sont exercées, les tarifs seront appliqués d'après la population qui aura été déterminée par la dernière ordonnance de dénombrement. Néanmoins, lorsque ce dénombrement fera passer une commune dans une catégorie supérieure à celle dont elle faisait précédemment partie, l'augmentation du droit fixe ne sera appliquée que par moitié pendant les cinq premières années.

6. Dans les communes dont la population totale est de 5,000 âmes et au-dessus, les patentables exerçant dans la banlieue des professions imposées eu égard à la population, payeront le droit fixe d'après le tarif applicable à la population non agglomérée. Les patentables exerçant lesdites professions dans la partie agglomérée, payeront le droit fixe d'après le tarif applicable à la population totale.

7. Le patentable qui exerce plusieurs commerces, industries ou professions, même dans plusieurs communes différentes, ne peut être soumis qu'à un seul droit. Ce droit est toujours le plus élevé de ceux qu'il aurait à payer s'il était assujetti à autant de droits fixes qu'il exerce de professions.

8. Le droit proportionnel est fixé au vingtième de la valeur locative pour toutes les professions imposables, sauf les exceptions établies au tableau D annexé à la présente loi.

9. Le droit proportionnel est établi sur la valeur locative, tant de la maison d'habitation que des magasins, boutiques, usines, ateliers, hangars, remises, chantiers et autres locaux servant à l'exercice des professions imposables. Il est dû, lors même que le logement et les locaux occupés sont concédés à titre gratuit. La valeur locative est déterminée, soit au moyen de baux authentiques, soit par comparaison avec d'autres baux

dont le loyer aura été régulièrement constaté, ou sera notoirement connu, et, à défaut de ces bases, par voie d'appréciation. Le droit proportionnel pour les usines et les établissements industriels est calculé sur la valeur locative de ces établisse- , ments, pris dans leur ensemble et munis de tous leurs moyens matériels de production.

10. Le droit proportionnel est payé dans toutes les communes où sont situés les magasins, boutiques, usines, ateliers, hangars, remises, chantiers ou autres locaux servant à l'exercice de professions imposables. Si, indépendamment de la maison où il fait sa résidence habituelle et principale, et qui, dans tous les cas, sauf l'exception ci-après, doit être soumise au droit proportionnel, le patentable possède, soit dans la même commune, soit dans des communes différentes, une ou plusieurs maisons d'habitation, il ne paye le droit proportionnel que pour celles de ces maisons qui servent à l'exercice de sa profession. Si l'industrie pour laquelle il est assujetti à la patente ne constitue pas sa profession principale, et s'il ne l'exerce pas par lui-même, il ne paye le droit proportionnel que sur la maison d'habitation de l'agent préposé à l'exploitation.

11. Le patentable qui exerce dans un même local, ou dans des locaux non distincts, plusieurs industries ou professions passibles d'un droit proportionnel différent, paye ce droit d'après le

aux applicable à la profession pour laquelle il est assujetti au droit fixe. Dans le cas où les locaux sont distincts, il ne paye pour chaque local que le droit proportionnel attribué à l'industrie ou à la profession qui y est spécialement exercée. Dans ce dernier cas, le droit proportionnel n'en demeure pas moins établi sur la maison d'habitation, d'après le taux applicable à la profession pour laquelle le patentable est imposé au droit fixe.

12. Dans les communes dont la population est inférieure à vingt mille âmes, mais qui, en vertu d'un nouveau dénombrement, passent dans la catégorie des communes de vingt mille âmes et au-dessus, les patentables des septième et huitième classes ne seront soumis au droit proportionnel que dans le cas où une seconde ordonnance de dénombrement aura maintenu lesdites communes dans la même catégorie.

13. Ne sont pas assujettis à la patente : 1° les fonctionnaires et employés salariés, soit par l'État, soit par les administrations départementales ou communales, en ce qui concerne seulement l'exercice de leurs fonctions ; 2° les notaires, les avoués, les avocats au conseil, les greffiers, les commissaires-priseurs, les huissiers ; 3° les avocats, les docteurs en médecine ou en chirurgie, les officiers de santé, les sages-femmes et les vétérinaires ; les peintres, sculpteurs, graveurs et dessinateurs considérés comme artistes et ne ven-

dant que le produit de leur art ; les architectes considérés comme artistes ne se livrant pas, même accidentellement, à des entreprises de construction ; les professeurs de belles-lettres, sciences et arts d'agrément ; les chefs d'institution, les maîtres de pension, les instituteurs primaires ; les éditeurs de feuilles périodiques ; les artistes dramatiques ; 4° les laboureurs et les cultivateurs, seulement pour la vente et la manipulation des récoltes et fruits provenant des terrains qui leur appartiennent ou par eux exploités, et pour le bétail qu'ils y élèvent, qu'ils y entretiennent ou qu'ils y engraissent ; les concessionnaires de mines pour le seul fait de l'extraction et de la vente des matières par eux extraites ; les propriétaires ou fermiers des marais salants ; les propriétaires ou locataires louant accidentellement une partie de leur habitation personnelle ; les pêcheurs, même lorsque la barque qu'ils montent leur appartient ; 5° les associés en commandite, les caisses d'épargne et de prévoyance administrées gratuitement, les assurances mutuelles régulièrement autorisées ; 6° les capitaines de navire de commerce ne naviguant pas pour leur compte ; les cantiniers attachés à l'armée ; les écrivains publics ; les commis et toutes les personnes travaillant à gage, à façon et à la journée, dans les maisons, ateliers et boutiques des personnes de leur profession, ainsi que les ouvriers travaillant chez eux ou chez les particuliers, sans compagnons, apprentis, enseigne ni boutique. Ne sont pas considérés comme compagnons ou apprentis, la femme travaillant avec son mari, ni les enfants non mariés travaillant avec leurs père et mère, ni le simple manœuvre dont le concours est indispensable à l'exercice de la profession; les personnes qui vendent en ambulance dans les rues, dans les lieux de passage et dans les marchés, soit des fleurs, de l'amadou, des balais, des statues et figures en plâtre, soit des fruits, des légumes, des poissons, du beurre, des œufs, du fromage et autres menus comestibles; les savetiers, les chiffonniers au crochet, les porteurs d'eau à la bretelle ou avec voiture à bras, les rémouleurs ambulants, les garde-malades.

14. Tous ceux qui vendent en ambulance des objets non compris dans les exemptions déterminées par l'article précédent, et tous marchands sous échoppe ou en étalage, sont passibles de la moitié des droits que payent les marchands qui vendent les mêmes objets en boutique. Toutefois cette disposition n'est pas applicable aux bouchers, épiciers et autres marchands ayant un étal permanent ou occupant des places fixes dans les halles et marchés.

15. Les mari et femme séparés de biens ne doivent qu'une patente, à moins qu'ils n'aient des établissements distincts, auquel cas chacun d'eux

doit avoir sa patente et payer séparément les droits fixes et proportionnels.

16. Les patentes sont personnelles, et ne peuvent servir qu'à ceux à qui elles sont délivrées. En conséquence, les associés en nom collectif sont tous assujettis à la patente. Toutefois l'associé principal paye seul le droit fixe en entier, les autres associés ne sont imposés qu'à la moitié de ce droit, même quand ils ne résident pas tous dans la même commune que l'associé principal. Le droit proportionnel est établi sur la maison d'habitation de l'associé principal, et sur tous les locaux qui servent à la société pour l'exercice de son industrie. La maison d'habitation de chacun des autres associés est affranchie du droit proportionnel, à moins qu'elle ne serve à l'exercice de l'industrie sociale.

17. Les sociétés ou compagnies anonymes ayant pour but une entreprise industrielle ou commerciale, sont imposées à un seul droit fixe sous la désignation de l'objet de l'entreprise, sans préjudice du droit proportionnel. La patente assignée à ces sociétés ou compagnies ne dispense aucun des sociétaires ou actionnaires du payement des droits de patente auxquels ils pourraient être personnellement assujettis pour l'exercice d'une industrie particulière.

18. Tout individu transportant des marchandises de commune en commune, lors même qu'il

vend pour le compte de marchands ou fabricants, est tenu d'avoir une patente personnelle, qui est, selon les cas, celle de colporteur avec balle, avec bêtes de somme ou avec voiture.

19. Les commis voyageurs des nations étrangères seront traités, relativement à la patente, sur le même pied que les commis voyageurs français chez ces mêmes nations.

20. Les contrôleurs des contributions directes procéderont annuellement au recensement des imposables et à la formation des matrices de patentes. Le maire sera prévenu de l'époque de l'opération du recensement, et pourra assister le contrôleur dans cette opération, ou se faire représenter à cet effet par un délégué; en cas de dissentiment entre les contrôleurs et les maires ou leurs délégués, les observations contradictoires de ces derniers seront consignées dans une colonne spéciale. La matrice, dressée par le contrôleur, sera déposée pendant dix jours au secrétariat de la mairie, afin que les intéressés puissent en prendre connaissance, et remettre au maire leurs observations. A l'expiration d'un second délai de dix jours, le maire, après avoir consigné ses observations sur la matrice, l'adressera au sous-préfet. Le sous-préfet portera également ses observations sur la matrice, et la transmettra au directeur des contributions directes, qui établira les taxes conformément à la loi, pour tous les ar-

ticles non contestés. A l'égard des articles sur lesquels le maire ou le sous-préfet ne sera pas d'accord avec le contrôleur, le directeur soumettra
les contestations au préfet avec son avis motivé.
Si le préfet ne croit pas devoir adopter les propositions du directeur, il en sera référé au ministre des finances. Le préfet arrête les rôles et
les rend exécutoires. A Paris, l'examen de la matrice des patentes aura lieu, pour chaque arrondissement municipal, par le maire, assisté soit de
l'un des membres de la commission des contributions, soit de l'un des agents attachés à cette
commission, délégué à cet effet par le préfet.

21. Les patentés qui réclameront contre la
fixation de leurs taxes seront admis à prouver la
justice de leurs réclamations par la représentation
d'actes de société légalement publiés, de journaux et livres de commerce régulièrement tenus,
et par tous les autres documents.

22. Les réclamations en décharge ou réduction, et les demandes en remises ou modération,
seront communiquées aux maires : elles seront
d'ailleurs présentées, instruites et jugées dans les
formes et délais prescrits par les autres contributions directes.

23. La contribution des patentes est due pour
l'année entière par tous les individus exerçant au
mois de janvier une profession imposable. En cas
de cession d'établissement, la patente sera, sur la

demande du cédant, transférée à son successeur;
la mutation de cote sera réglée par arrêté du
préfet. En cas de fermeture des magasins, boutiques et ateliers, par suite de décès ou de faillite
déclarée, les droits ne seront dus que pour le
passé et le mois courant. Sur la réclamation des
parties intéressées, il sera accordé décharge du
surplus de la taxe. Ceux qui entreprennent après
le mois de janvier une profession sujette à patente, ne doivent la contribution qu'à partir du
1er du mois dans lequel ils ont commencé d'exercer, à moins que par sa nature la profession ne
puisse pas être exercée pendant toute l'année;
dans ce cas, la contribution sera due pour l'année
entière, quelle que soit l'époque à laquelle la profession aura été entreprise. Les patentés qui, dans
le cours de l'année, entreprennent une profession d'une classe supérieure à celle qu'ils exerçaient d'abord, ou qui transportent leur établissement dans une commune d'une plus forte
population, sont tenus de payer au prorata un
supplément de droit fixe. Il est également dû un
supplément de droit proportionnel par les patentables qui prennent des maisons ou locaux d'une
valeur locative supérieure à celle des maisons ou
locaux pour lesquels ils ont été primitivement imposés, et par ceux qui entreprennent une profession passible d'un droit proportionnel plus élevé.—
Les suppléments seront dus à compter du 1er du

mois dans lequel les changements prévus par les deux derniers paragraphes auront été opérés.

24. La contribution des patentes est payable par douzièmes, et le recouvrement en est poursuivi comme celui des contributions directes ; néanmoins les marchands forains, les colporteurs, les directeurs de troupes ambulantes, les entrepreneurs d'amusements et jeux publics non sédentaires, et tous autres patentables dont la profession n'est pas exercée à demeure fixe, sont tenus d'acquitter le montant total de leur cote au moment où la patente leur est délivrée. Dans le cas où le rôle n'est émis que postérieurement au 1er mars, les douzièmes échus ne sont pas immédiatement exigibles : le recouvrement en est fait par portions égales, en même temps que celui des douzièmes non échus.

25. En cas de déménagement hors du ressort de la perception, comme en cas de vente volontaire ou forcée, la contribution des patentes sera immédiatement exigible en totalité. Les propriétaires, et à leur place les principaux locataires, qui n'auront pas, un mois avant le terme fixé par le bail ou par les conventions verbales, donné avis au percepteur du déménagement de leurs locataires, seront responsables des sommes dues par ceux-ci pour la contribution des patentes. Dans le cas de déménagement furtif, les propriétaires, et à leur place les principaux locataires,

deviendront responsables de la contribution de leurs locataires, s'ils n'ont pas, dans les trois jours, donné avis du déménagement au percepteur. La part de la contribution laissée à la charge des propriétaires ou principaux locataires par les paragraphes précédents, comprendra seulement le dernier douzième échu et le douzième courant, dus par le patentable.

26. Les formules de patentes sont expédiées par le directeur des contributions directes sur des feuilles timbrées de 1 fr. 25 c. Le prix du timbre est acquitté en même temps que le premier douzième des droits de patente. Les formules de patentes sont visées par le maire et revêtues du sceau de la commune.

27. Tout patentable est tenu d'exhiber sa patente lorsqu'il en est requis par les maires, adjoints, juges de paix, et tous autres officiers ou agents de police judiciaire.

28. Les marchandises mises en vente par les individus non munis de patentes, et vendant hors de leur domicile, seront saisies ou séquestrées aux frais du vendeur, à moins qu'il ne donne caution suffisante jusqu'à la représentation de la patente ou la production de la preuve que la patente a été délivrée. Si l'individu non muni de patente exerce au lieu de son domicile, il sera dressé un procès-verbal qui sera transmis immédiatement aux agents des contributions directes.

29. Nul ne pourra former de demande, fournir aucune exception ou défense en justice, ni
faire aucun acte ou signification extra-judiciaire
pour tout ce qui sera relatif à son commerce, sa
profession ou son industrie, sans qu'il soit fait
mention en tête des actes, de sa patente, avec désignation de la date, du numéro et de la commune où elle aura été délivrée, à peine d'une
amende de 25 fr., tant contre les particuliers
sujets à la patente que contre les officiers ministériels qui auraient fait et reçu lesdits actes
sans mention de la patente. La condamnation à
cette amende sera poursuivie, à la requête du
procureur du roi, devant le tribunal civil de l'arrondissement. Le rapport de la patente ne pourra
suppléer le défaut de l'énonciation, ni dispenser
de l'amende prononcée.

30. Les agents des contributions directes peuvent, sur la demande qui leur en est faite, délivrer
des patentes avant l'émission du rôle, après toutefois que les requérants ont acquitté entre les
mains du percepteur les douzièmes échus, s'il
s'agit d'individus domiciliés dans le ressort de la
perception, ou la totalité des droits s'il s'agit des
patentables désignés en l'art. 24 ci-dessus, ou
d'individus étrangers au ressort de la perception.

31. Le patenté qui aura égaré sa patente ou
qui sera dans le cas d'en justifier hors de son
domicile, pourra se faire délivrer un certificat

par le directeur ou par le contrôleur des contributions directes. Ce certificat fera mention des motifs qui obligent le patenté à le réclamer, et devra être sur papier timbré.

32. Il est ajouté au principal de la contribution des patentes cinq centimes par franc, dont le produit est destiné à couvrir les décharges, réductions, remises et modérations, ainsi que les frais d'impression et d'expédition des formules des patentes. En cas d'insuffisance des cinq centimes, le montant du déficit est prélevé sur le principal des rôles. Il est en outre prélevé sur le principal huit centimes, dont le produit est versé dans la caisse municipale.

33. Les contributions spéciales destinées à subvenir aux dépenses des bourses et chambres de commerce, et dont la perception est autorisée par l'art. 11 de la loi du 23 juillet 1820, seront réparties sur les patentables des trois premières classes du tableau A annexé au *Bulletin officiel* de la présente loi, et sur ceux désignés dans les tableaux B et C, comme passibles d'un droit fixe égal ou supérieur à celui desdites classes. Les associés des établissements compris dans les classes et tableaux sus désignés contribueront aux frais des bourses et chambres de commerce.

34. La contribution des patentes sera établie conformément à la présente loi, à partir du 1er janvier 1845.

35. Toutes les dispositions contraires à la présente loi seront et demeureront abrogées à partir de la même époque, sans préjudice des lois ou des règlements de police qui sont ou pourront être faits.

TABLEAU *B* (¹).

Professions imposées, eu égard à la population, d'après un tarif exceptionnel.

COURTIER DE MARCHANDISES, COURTIER D'ASSURANCES, COURTIER DE NAVIRES :

A Paris. . . . . 250 fr.
Dans les villes de cinquante mille âmes et au-dessus. . 200
Dans les villes de trente mille à cinquante mille âmes, et dans celles de quinze mille à trente mille âmes qui ont un entrepôt réel. 150
Dans les villes de quinze mille à trente mille âmes, et dans les villes d'une population inférieure à quinze mille âmes, qui ont un entrepôt réel. 100
Dans toutes les autres communes. 50

(4 AOUT 1844.)

Extrait de la loi de finance portant fixation du budget des dépenses de l'exercice 1845.

7. L'intérêt des cautionnements en numéraire est fixé à 3 pour 100, à partir du 1er janvier 1845.

(¹) Le tableau *D* annexé au *Bulletin* officiel porte une exception à la règle générale, qui fixe le droit proportionnel au vingtième de la valeur locative pour les courtiers de marchandises, les courtiers d'assurances et les courtiers de navires.

EXPLICATION DU TARIF

DES COMMISSAIRES-PRISEURS, NOTAIRES, GREFFIERS ET HUISSIERS, POUR LES PRISÉES ET VENTES DE MEUBLES, SOUS LA LOI DU 18 JUIN 1843.

§ 1er. Considérations préliminaires.

1. Les émoluments des commissaires-priseurs de Paris, tels qu'ils se percevaient avant la nouvelle loi, ont été réglés par divers arrêtés de leur chambre, notamment par l'arrêté du 27 novembre 1823. Ces arrêtés étaient basés sur la loi du 27 ventôse an IX et sur l'usage. Nous y prendrons les divers articles que nous discuterons ci-après, et nous appliquerons à chacun de ces articles les dispositions de la loi du 18 juin 1843.

Quant au tarif des notaires, greffiers et huissiers, il se réglait et devra se régler encore sur le tarif de 1807 et aussi sur l'usage, avec pourtant cette restriction que la taxe de ces officiers vendeurs ne pourra être supérieure à celle des commissaires-priseurs telle qu'elle est établie par la loi du 18 juin 1843.

2. Mais nous devons faire cette observation essentielle, c'est que tout ce qui se rapporte aux huissiers dans ce que nous avons à dire ci-après, ne concerne nullement les ventes d'effets saisis ou autres auxquels ils sont appelés par les dispositions du Code de procédure sur les *saisies*. Les

honoraires et frais de ces ventes sont *uniquement* réglés par les articles du tarif de 1807, 36 et suiv. Nous ne nous occuperons donc des huissiers qu'autant qu'ils remplacent les commissaires-priseurs dans les ventes de meubles, office qui leur appartient en concurrence avec les greffiers et les notaires.

3. Les notaires, dans les mémoires qu'ils ont fournis aux Chambres lors de la discussion de la loi du 18 juin 1843, ne reconnaissaient d'autre règle de taxe que l'art. 51 de la loi du 25 ventôse an IX, ainsi conçu : « Les honoraires et vacations « des notaires seront réglés à l'amiable entre eux « et les parties; sinon, par le tribunal civil de la « résidence du notaire, sur l'avis de la chambre « et sur simple mémoire sans frais. »

Les chiffres que nous donnerons ci-après pour les émoluments et droits des notaires, greffiers et huissiers sont principalement fondés sur l'*usage*.

Ainsi que nous venons de le dire, la loi du 18 juin 1843 ne concerne absolument que les commissaires-priseurs; aucune de ses dispositions, soit celle sur le tarif, soit celle sur la défense d'abonnement ou de convention avec les parties, ne regarde les notaires, greffiers ou huissiers; considérés comme officiers vendeurs de meubles, ces officiers restent donc sous le même droit qu'auparavant, et l'incertitude qui existait sur leur tarif existe encore.

Cependant lors de la discussion de la loi du 18 juin 1843, sur le tarif des commissaires-priseurs, le vœu formel a été exprimé dans les Chambres que les honoraires ou émoluments des autres officiers vendeurs ne puissent dépasser ceux accordés aux commissaires-priseurs; d'où il résulte évidemment que ce tarif peut être appliqué aux notaires, greffiers et huissiers; les rapporteurs des commissions en ont exprimé le vœu; M. le garde des sceaux a répondu au nom de la magistrature que le tarif ne serait jamais dépassé; il peut donc, dans tous les cas, être pris pour règle.

§ 2. Prisées.

4. Il était alloué pour chaque vacation de prisée, aux commissaires-priseurs de Paris, suivant l'art. 6 de la loi du 27 ventôse an IX, 6 fr.

Les commissaires-priseurs des départements percevaient, suivant l'art. 39 du tarif de 1807, dans les villes avec tribunal, 5 fr.

Dans les cantons ruraux, 4 fr.

Ces deux dernières taxes doivent être maintenues pour les greffiers et huissiers. L'art. 39 du tarif de 1807 les applique aux vacations des huissiers *vendeurs;* il y a même raison de décider en cas de *prisée.*

D'après la loi nouvelle, art. 1er, § 1er, les commissaires-priseurs recevront pour droit de prisée, par vacation de trois heures, à Paris, Lyon, Bordeaux, Rouen, Toulouse et Marseille, 6 fr.

Partout ailleurs, 5 fr.

5. Si l'officier vendeur était obligé de se transporter à une distance de plus d'un myriamètre, il pourrait demander le payement de ses frais de transport. Il est vrai que ce droit de transport n'est pas alloué par la loi du 18 juin 1843, et que l'art. 3 de cette loi interdit *toutes perceptions directes ou indirectes autres que celles qu'elle autorise, à quelque titre et sous quelque dénomination que ces perceptions aient lieu ;* il est vrai encore qu'en expliquant à la Chambre des députés cet art. 3, le rapporteur de la commission disait : « Toutes perceptions non écrites dans la loi sont donc proscrites », et qu'il enveloppait dans cette proscription les rémunérations *des transports.*

Mais il faut croire qu'il n'est pas, dans ces citations, question des *transports extraordinaires ;* car il est certain qu'un officier-priseur qui, pour faire une prisée, sera obligé de se transporter à un, deux ou trois myriamètres de son domicile, ne pourra pas se contenter de la simple taxe de 6 fr. ou de 5 fr. *par vacation employée à la prisée.* Si cela était, il n'y aurait aucune parité entre les honoraires de celui qui opère au lieu même de son domicile et les honoraires de celui qui est obligé de se transporter. D'ailleurs, le transport lui-même ayant lieu *pour la prisée,* ne peut-il pas être considéré comme y étant employé? — L'instruction sur la taxe des commissaires-priseurs de Paris fixait à 24 fr. chaque journée de campagne constatée. Cette espèce de forfait ne pouvant plus avoir lieu, le commissaire-priseur devrait ou demander exactement ses *frais de voyage*, ou tout au plus faire taxer en outre, comme vacation, le temps qu'il y aurait employé. — Ajoutons qu'il ne serait rien dû pour une distance de moins d'un myria-mètre; argument tiré de l'article 66 du tarif de 1807. (V. encore, quant aux prisées, ci-après, n° 18.)

6. Les commissaires-priseurs, notaires, greffiers et huissiers, dont les droits sont lésés par une prisée faite par un simple particulier, ont le droit, ou de s'opposer à cette prisée, ou de demander des dommages-intérêts contre le priseur qui a ainsi usurpé leurs fonctions : à ces officiers ministériels seuls appartiennent le droit et le privilége de priser les objets mobiliers après décès et dans les inventaires (*Journal des commissaires-priseurs*, tom. II, pag. 292 et suiv.). — Ainsi toutes les fois qu'il sagit d'une estimation ordonnée par le juge ou par la loi, dont procès-verbal authentique restera, comme devant, sans aucun contrôle, servir, dans le présent et dans l'avenir, de règle, cette estimation ne peut être faite que par un priseur revêtu d'un caractère public spécial.

18

Cependant s'il s'agit non plus d'une estimation sans contrôle, qui doit rester comme titre authentique, mais d'une prisée, d'une expertise de meubles ordonnée par le juge en cas de contestation sur la forme, sur la construction ou sur la valeur d'objets en litige, alors le juge et les parties ont le droit de choisir l'expert ou les experts qu'ils nomment, dans quelque classe de citoyens que ce soit. Il en est de même encore lorsqu'une estimation de meubles est demandée par des majeurs ou personnes maîtresses de leurs droits, en dehors des cas où la loi l'ordonne. Ici la prisée n'a plus lieu dans les circonstances prévues par les anciens édits; il ne s'agit ni d'inventaire prescrit par la loi, ni d'estimation à juste valeur destinée à en tenir lieu. (Voir sur ces dernières considérations, *Journal des commissaires-priseurs*, tom. III, pag. 38 et suiv.)

Si l'inventaire ou la levée des scellés se font dans un chef-lieu où résident un ou plusieurs commissaires-priseurs, il est évident que ni le notaire, ni le greffier, n'ont le droit de faire des prisées (L. 28 avril 1816). Mais si l'inventaire et la levée des scellés se font, soit dans le reste de l'arrondissement , où les commissaires-priseurs n'exercent que concurremment avec les autres officiers vendeurs, soit dans un lieu où il n'existe pas de commissaires-priseurs, il faut reconnaître aux notaires et aux greffiers le droit de faire les prisées. (Voir, comme exception, *Journal des commissaires-priseurs*, vol. III, pag. 33.)

§ 3. Relevé d'inventaire.

7. Le plus ordinairement la vente a lieu avant que l'inventaire ait pu être expédié, et même quelquefois avant la clôture : ce qui arrive principalement lorsque la vente est faite en vertu d'ordonnance sans attribution de qualité, ou quand il y a urgence.

L'officier vendeur doit alors faire le relevé, sur l'inventaire, tant des qualités des parties que des effets inventoriés.

Dans ce cas, et en justifiant de ce relevé, il était alloué le tiers du montant des vacations employées pour la prisée.

Désormais ce droit ne pourra plus être perçu par les commissaires-priseurs, puisque le relevé d'inventaire ne donne lieu à aucun déboursé, et que ces déboursés seuls peuvent être exigés en sus du droit de vente.

8. Il ne pourrait non plus être accordé aux notaires, greffiers et huissiers qui réclameraient des droits de vente suivant le tarif de la loi du 18 juin 1843, et ceux-ci n'auraient droit à l'exiger que si leurs émoluments, tout compris, ne dépassaient pas six pour cent du produit de la vente.

§ 4. Publicité donnée à la vente.

9. On accordait, pour la rédaction de l'original du placard (art. 38 du tarif), 1 fr.

Pour chacun des placards s'ils étaient manuscrits, non compris le timbre (*même art.*), 50 c.

Si les placards étaient imprimés, s'il y avait notice ou catalogue, le commissaire-priseur en était remboursé sur les quittances de l'imprimeur (*même art.*).

Il en était de même pour le salaire payé à l'afficheur (*même art.*).

La loi nouvelle, art. 1er, n° 3, porte formellement qu'elle ne comprend pas la *rédaction des placards* dans les six pour cent du produit des ventes ; ces droits devraient donc encore être accordés.—Ils sont les mêmes pour toutes les villes, quelle que soit leur importance, et pour les cantons ruraux (art 38 du tarif).

La rédaction des placards entre de plein droit dans les fonctions de l'officier qui doit vendre : celui-ci, en effet, doit et peut savoir exactement en quoi consistent les objets à vendre, et surtout c'est lui qui a le plus d'intérêt à rédiger les placards de manière à faire valoir la vente et à attirer les acheteurs (*Journal des commissaires-priseurs*, t. II, p. 173, et t. I, pag. 33).

Procès-verbal constatant l'apposition des affiches.

10. Cet acte est du ministère des huissiers, auxquels il est alloué (art. 39), pour l'original, à Paris, 3 fr.

Dans les villes où il y a tribunal de première instance, 2 fr. 25 c.

Dans les autres villes et cantons ruraux, 2 fr.

Pour le timbre, partout, 35 c.

Pour l'enregistrement, 2 fr. 20 c.

Si le transport de l'huissier est nécessaire, ses frais sont taxés suivant l'art. 66 du tarif de 1807.

11. Insertion au journal à ce destiné, suivant quittance. — Ces insertions ne sont nécessaires que si la vente est considérable. On consultera sur ce point les convenances.

§ 5. Dégagement par le commissaire-priseur d'effets déposés
aux bureaux du Mont-de-Piété.

12. Indépendamment des droits et avances remboursés par le commissaire-priseur pour dégager les effets, ainsi que des sommes qui auraient été payées pour le salaire des hommes de peine employés au transport, il était alloué au commissaire-priseur, pour vacation de trois heures, à chaque dégagement, 6 fr.

Tous les effets engagés dans un même bureau ne devaient donner lieu qu'à un même dégagement, à moins qu'il ne fût justifié qu'il n'avait pu s'opérer dans une seule vacation.

Suivant la loi nouvelle, les commissaires-priseurs, s'il s'agissait de *vente*, ne pourraient percevoir absolument que leurs déboursés. (Voir ci-dessus, n° 5.)

§ 6. Arrangement préparatoire.

13. Cette opération est souvent nécessaire pour l'avantage de la vente, parce qu'elle a pour objet la formation des lots, qui, bien composés suivant leur nature et leur qualité, sont vendus plus favorablement.

Elle est également nécessaire pour reconnaître tous les objets inventoriés et qui seront vendus, sur lesquels il est placé des notes ou étiquettes qui indiquent l'article sous lequel ils ont été compris dans l'inventaire, seul moyen d'assurer l'exactitude du récolement à faire ensuite de la vente.

La loi du 18 juin, art. 1er, n° 3, autorise encore ces vacations en faveur des commissaires-priseurs si l'arrangement préparatoire a eu lieu *sur la réquisition des parties, constatée par procès-verbal du commissaire-priseur,* et si de plus *le produit de la vente s'est élevé à 3,000 fr.* Dans tous autres cas, c'est-à-dire si l'arrangement préparatoire n'est pas requis par les parties, ou si la vente ne s'élève pas à 3,000 fr., aucune vacation n'est due.

14. Cet article serait aussi applicable aux notaires, greffiers et huissiers, s'ils percevaient leurs honoraires de vente suivant le taux admis par la

loi des commissaires-priseurs ; s'ils se contentaient soit d'un taux inférieur, soit de simples vacations, ils auraient droit de réclamer des émoluments pour l'arrangement préparatoire, surtout si la vente était considérable et si cet arrangement était requis par les parties ; bien entendu encore qu'il ne faudrait pas que le tant pour cent qu'ils recevraient sur le produit de la vente, joint à leurs vacations pour arrangement préparatoire, dépassât les six pour cent accordés par la loi du 18 juin, à moins toutefois que les parties l'eussent requis et que le produit de la vente fût supérieur à 3,000 fr., toujours par application du principe posé ci-dessus, n° 1 et suiv.

15. Chacune des vacations de trois heures, pour l'arrangement préparatoire des objets mis en vente, donnera droit, quand elle devra être passée en taxe d'après les règles sus-énoncées, aux émoluments fixés par le numéro 1er de l'article 1er de la loi du 18 juin 1843, c'est-à-dire pour Paris, Lyon, Bordeaux, Rouen, Toulouse et Marseille, 6 fr.

Partout ailleurs, 5 fr.

Avant la loi actuelle, ces vacations étaient taxées comme vacations de vente, et suivant l'art. 39 du tarif de 1807, c'est-à-dire pour Paris, 8 fr.

Pour les villes où il y a tribunal de première instance, 5 fr.

Pour les autres villes et cantons ruraux, 4 fr.

§ 7. Distraction et remise avant la vente d'effets en nature réclamés, soit par le survivant en exécution d'une stipulation de contrat de mariage, soit par tous autres auxquels cette remise aurait
été ordonnée devoir être faite.

16. Il était alloué pour chaque vacation de trois heures, 6 fr.

Pour l'expédition de ce procès-verbal, si elle était requise, par chaque rôle, 2 fr.

Pour l'enregistrement, timbre de minute et d'expédition, ce qu'il en avait coûté.

Cette opération ne donnerait lieu aujourd'hui à aucun droit, même de vacation, en faveur du commissaire-priseur; celui-ci ne pourrait réclamer que ses déboursés, et tout au plus, pour l'expédition du procès-verbal, si elle était requise, et par chaque rôle, 1 fr. 50 c. (loi du 18 juin 1843, art. 1er, 4°). Quant à l'opération même et au temps qui y serait employé, les honoraires les représentant seraient nécessairement compris dans les six pour cent accordés pour la vente. *Ibid.*, art. 3.

17. Les notaires, greffiers ou huissiers qui s'emploieraient à cette distraction ou à cette remise pourraient réclamer leurs honoraires comme vacations, s'ils se faisaient payer par vacations; mais s'ils recevaient tant pour cent sur le produit de la vente, ce tant pour cent, y compris les honoraires de la distraction et de la remise et tous autres, ne devrait pas dépasser le taux accordé aux commissaires-priseurs. *Ibid.*

§ 8. Contrôle des matières d'or et d'argent avant la vente.

18. Il est quelquefois avantageux, dans l'intérêt des parties, de faire contrôler avant la vente; c'est surtout lorsqu'il se rencontre beaucoup d'objets d'or ou d'argent, qui ont une valeur de façon, indépendante du poids; tel est, par exemple, le cas d'une vente en détail de marchandises d'orfévrerie et de bijouterie.

Le commissaire-priseur doit alors dresser procès-verbal de cette opération.

Il était alloué à Paris, indépendamment des déboursés justifiés, par chaque vacation de trois heures, 6 fr.

19. La loi du 18 juin 1843 a, par son article 1er, n° 4, consacré la perception de ce droit. Cet article accorde, en effet, pour assistance à l'essai ou au poinçonnage des matières d'or et d'argent, à Paris, Lyon, Bordeaux, Rouen, Toulouse et Marseille, 6 fr.

Partout ailleurs, 5 fr.

Ce droit ne représente pas *une vacation de trois heures*, mais le temps employé, quel qu'il soit, pour l'assistance à l'essai ou au poinçonnage; il pourrait cependant arriver qu'un long espace de temps fût nécessaire pour cette opération; et comme elle a lieu aussi bien dans le cas de prisée que dans le cas de vente, il s'ensuivrait que le commissaire-priseur ne trouverait plus dans les simples vacations de la prisée le dédommagement du temps employé; aussi pensons-nous que la disposition du n° 4 de l'art. 1ᵉʳ, qui concerne le poinçonnage et l'essai, n'a rapport qu'aux matières mises en vente, et nullement à celles qui doivent être prisées. Si, en effet, l'officier priseur est obligé d'employer un essayeur pour l'estimation d'objets d'or et d'argent, il ne doit pas être considéré comme assistant seulement à l'opération, il y conserve son caractère de priseur, il agit lui-même par l'entremise de l'essayeur; il doit donc percevoir ses émoluments comme pour une prisée ordinaire, c'est-à-dire par vacation de trois heures (loi du 18 juin 1843, art. 1ᵉʳ).

20. Les mêmes observations s'appliquent aux notaires, greffiers et huissiers; s'ils se soumettent au tarif de 1843; s'ils fixent leurs honoraires suivant le tarif de 1807, ou sur l'usage, il est évident qu'ils pourront exiger, soit en cas de vente, soit en cas de prisée, le payement de *toutes* les vacations d'assistance à l'essai ou au poinçonnage.

Ces vacations, non compris le transport, se taxent ordinairement d'après l'article 39 de la loi de 1807, pour les villes où il y a tribunal de première instance, 5 fr.

Autres villes et cantons ruraux, 4 fr.

§ 9. Déclarations qui doivent précéder la vente.

21. Ces déclarations ont lieu :

1° Au bureau du receveur d'enregistrement de l'arrondissement où se fait la vente (art. 2 de la loi du 22 pluviôse an V).

2° Au secrétariat de la chambre des commissaires-priseurs (arrêté des consuls du 29 germinal an IX).

3° Au bureau de l'administration de la monnaie, quand il existe des matières d'or et d'argent qui n'ont pas été contrôlées avant la vente.

4° Enfin, à M. le conseiller d'État préfet de police, si parmi les objets à vendre il se trouve, soit des voitures de place portant numéros, soit des presses, moutons, laminoirs, balanciers, coupoirs ou tous autres objets dont il importe à M. le préfet de police de connaître le nouveau propriétaire.

Il était alloué, suivant l'usage, pour chacune de ces déclarations, 2 fr.

Si la vente se faisait hors Paris, on accorderait pour le transport au bureau du receveur d'enregistrement, en sus des autres droits de déclaration, 6 fr.

Le tout non compris la somme de 1 fr. à payer au secrétariat de la chambre, aux termes de l'article 8 de l'arrêté du 29 germinal an IX.

22. La perception de tous ces droits est abso-

lument interdite par l'art. 3 de la loi du 18 juin ; il faut pourtant excepter le dernier, qui, à titre de déboursé, peut être réclamé ; en effet, d'après l'article 8 de la loi du 29 germinal an IX, le commissaire-priseur vendeur est tenu de faire au secrétariat de la chambre des commissaires-priseurs déclaration de toutes ventes, et *ces déclarations sont reçues moyennant 1 franc.*

Mais les déclarations au bureau du receveur de l'enregistrement, au bureau de l'administration de la monnaie, au préfet de police, au préfet du département, au sous-préfet, au procureur du roi, ne donnant lieu à aucun déboursé, la perte de temps qu'elles entraînent est comprise dans les honoraires de la vente.

23. Quant aux autres officiers vendeurs qui ne sont pas soumis à la loi du 18 juin, ils pourraient tout au plus faire considérer le temps passé à ces déclarations comme vacation, et se faire payer en conséquence ; ils auraient droit en outre à réclamer leurs frais de transport, surtout s'ils s'étaient transportés à plus de deux myriamètres.

§ 10. Droits de vente.

24. Ils étaient fixés par la loi du 27 ventôse an IX, savoir :

8 pour 100 lorsque le produit s'élevait jusqu'à 1,000 fr.

7 pour 100 lorsque le produit s'élevait jusqu'à 4,000 fr.

Et 5 pour 100 lorsque le produit s'élevait au-dessus de 4,000 fr.

Non compris les déboursés d'hommes de peine et autres de toute espèce nécessaires pour parvenir à la vente et la mettre à fin.

Par la loi nouvelle les commissaires-priseurs peuvent percevoir « pour tous droits de vente, « non compris les déboursés pour y parvenir et « en acquitter les droits, non plus que la rédaction « des placards (voir ci-dessus, n° 9), 6 *pour cent* « sur le produit des ventes, sans distinction de « résidence. »

Dans les 6 *pour cent* ne sont pas compris les déboursés justifiés, comme le papier timbré, le transport des objets, ce que l'on paye aux hommes de peine; le rapporteur de la commission de la Chambre des députés disait formellement, en expliquant le sens de l'art. 3 de la loi, que, parmi les *déboursés réels* à réclamer, était *le prix du transport des objets à vendre.*

25. Quant aux notaires, greffiers, huissiers, s'ils se faisaient payer par vacation, le taux de chaque vacation de trois heures serait (tarif de 1807, art. 39), dans les villes où il y a tribunal de première instance, de 5 fr.

Dans les autres villes et cantons ruraux, de 4 fr.

D'un autre côté, les notaires, greffiers ou huissiers se regardent comme autorisés par l'usage à fixer tant pour cent sur le produit de la vente, par convention avec les vendeurs; et il résulte de la discussion de la loi de 1843, aux Chambres, que le tant pour cent ne serait exagéré que s'il dépassait celui accordé aux commissaires-priseurs par la loi nouvelle. (Voir ci-dessus, n° 1er.)

§ 11. Timbre et enregistrement de la minute.

26. Ce qu'ils auront coûté.

§ 12. Visa d'opposition.

27. Pour le visa par le commissaire-priseur de l'original de l'opposition formée sur le produit de la vente ou de tous autres à lui signifiés, on accordait, à Paris, pour chaque visa, 50 c.

Et pour réception de chaque opposition par le procès-verbal même, 2 fr.

Le commissaire-priseur, avant de recevoir l'opposition sur son procès-verbal de vente, doit exiger la représentation des titres des créanciers et les énoncer dans le procès-verbal.

D'après la loi nouvelle, aucun droit ne serait dû pour visa d'oppositions, puisque ces visa ne donneraient pas lieu à des déboursés. Il en serait de même des réceptions d'oppositions.

Ces droits, au reste, n'étaient accordés que par l'usage; aucune taxe ne les autorisait; ils ont été fixés au taux ci-dessus par l'instruction sur les frais

et honoraires des commissaires-priseurs de Paris ;
mais rigoureusement ils ne pourraient être passés
en taxe, excepté peut-être comme vacations, et au
taux des vacations ordinaires pour les officiers
vendeurs qui se feraient payer par vacation.

§ 13. Payement des contributions et des droits de mutation.

28. La loi du 12 novembre 1808, art. 2, a imposé aux commissaires-priseurs l'obligation d'acquitter, sur la demande qui leur en serait faite,
les impositions dues par les contribuables ayant
droit aux deniers provenus de la vente, et a déclaré les commissaires-priseurs personnellement
responsables de l'acquit de ces contributions.

Il était alloué pour vacation à ces payements,
d'après l'usage de Paris, savoir :

S'ils avaient lieu à Paris, 6 fr.

S'ils avaient lieu hors Paris, 12 fr.

Non compris les frais de transport.

La loi du 18 juin 1843 porte, art. 1er, n° 4,
qu'il est alloué aux commissaires-priseurs « pour
payement des contributions, conformément aux
dispositions des lois des 5 et 18 août 1791, et 12
novembre 1808, à Paris, Lyon, Bordeaux, Rouen,
Toulouse et Marseille, 4 fr.

« Partout ailleurs, 3 fr. »

Si les commissaires-priseurs étaient obligés de
se transporter pour faire ce payement, ils auraient
droit de plus à leurs frais de voyage justifiés, sur-

tout si la distance était de plus d'un myriamètre (argument de l'art. 66 du tarif de 1807).

29. Il est douteux que les autres officiers vendeurs pussent exiger une taxe supérieure à celle de 4 fr. et de 3 fr., selon les lieux; cependant, s'ils se soumettaient pour tous les frais et honoraires de la vente au tarif de 1807, le temps passé pour le payement des contributions ou droits de mutation serait justement considéré comme employé à la vente, et rétribué suivant le taux ordinaire, c'est-à-dire, par vacation de trois heures, dans les villes où il y a tribunal de première instance, 5 fr.

Dans les autres villes et cantons ruraux, 4 fr.

§ 14. Récolement après la vente.

30. Il était alloué, à Paris, d'après l'instruction, pour chaque vacation de trois heures constatée, 6 fr.

Cet honoraire ne pourrait plus être demandé, puisque le récolement ne constitue pas un déboursé.

§ 15. Expédition du procès-verbal de vente.

31. Il était alloué (*Instruction des commissaires-priseurs de Paris*), par chaque rôle de *seconde* expédition du procès-verbal de vente, 2 fr.

Sous la loi du 27 ventôse an IX, la première expédition ne donnait lieu à aucun honoraire

(V. art. 7 de cette loi); mais d'après la loi du 18 juin 1843, « elle devra, a dit M. le rapporteur, être payée, si la partie la requiert. » Ces expéditions ne sont d'ailleurs jamais demandées; cela étant, lorsque la partie croira devoir requérir expédition du procès-verbal dans son propre intérêt, il est juste que cette expédition soit payée.

D'après l'art. 1er, n° 4, de la loi nouvelle, il est alloué, « pour expédition ou extraits de procès-verbaux de vente, s'ils sont requis, outre le timbre et pour chaque rôle de vingt-cinq lignes à la page et de quinze syllabes à la ligne, 1 fr. 50 c.

Suivant le tarif de 1807, il ne serait dû (art. 44), dans les villes où il y a un tribunal de première instance, que 50 c.

Dans les autres villes et cantons ruraux, 40 c.

§ 16. Décharge du gardien.

32. Lorsque, par l'effet du récolement, il est constant que tous les effets confiés au gardien ont été vendus et que celui-ci a demandé sa décharge, le commissaire-priseur lui délivre un extrait du procès-verbal de vente.

Cet extrait ne doit contenir aucun détail des objets vendus.

Il était alloué, à Paris, pour chaque rôle d'expédition, comme *suprà*, 2 fr.

Aujourd'hui il ne serait accordé, suivant l'article précité 1er, n° 4, que 1 fr. 50 c.

19

§ 17. Contrôle et recense après la vente.

33. Il était alloué, à Paris, pour chaque vacation déterminée suivant l'importance, non compris les frais de transport s'il y avait lieu, 6 fr.

Les frais justifiés pourraient seuls aujourd'hui être demandés (loi du 18 juin 1843, art. 3).

§ 18. Payement des frais de scellés.

34. Le mémoire de ces frais ne doit être acquitté qu'autant qu'il est revêtu du visa du juge de paix. (Décision de la chambre des commissaires-priseurs de Paris du 9 novembre 1811, en conséquence des ordres du ministre de la justice, et des circulaires du président du tribunal civil de première instance des 30 octobre et 6 novembre 1811). *Voir § ci-après.*

§ 19. Payement des frais de garde des scellés et autres.

35. Il est alloué pour frais de garde, soit de scellés, soit pour suite de saisie (tarif de 1807, art. 26), pendant les douze premiers jours :

Paris, 2 fr. 50 c.

Villes où il y a tribunal de première instance, 2 fr.

Autres villes et cantons ruraux, 1 fr. 50 c.

Après les douze premiers jours :

Paris, 1 fr.

Villes où il y a tribunal de première instance, 80 c.

Autres villes et cantons ruraux, 60 c.

D'après l'art. 2101, « sont privilégiés sur la généralité des meubles, les *frais de justice*. »

Les frais de scellés, d'inventaire et de la vente des meubles, lorsqu'elle est légalement, nécessairement ou judiciairement ordonnée, ont toujours été considérés comme *frais de justice*. Il n'est donc pas douteux que les officiers vendeurs n'aient privilége pour ces frais.

§ 20. Taxe des frais.

36. Suivant le tarif de 1807, art. 42, la vacation pour faire taxer les frais de la vente est fixée ainsi :

Paris, 3 fr.

Villes où il y a tribunal de première instance, 2 fr. 50 c.

Autres villes et cantons ruraux, 1 fr. 50 c.

D'après l'art. 2 de la loi du 18 juin 1843, « L'état des vacations, droits et remises alloués aux commissaires-priseurs sera délivré *sans frais* aux parties. Si la taxe est requise, elle sera faite par le président du tribunal de première instance ou par un juge délégué. »

La loi nouvelle ne portant aucune vacation ou honoraire pour taxe, l'art. 42 du tarif de 1807

ne pourrait plus être invoqué par les commissaires-priseurs (loi du 18 juin 1843, art. 3).

37. Les autres officiers vendeurs seraient encore en droit de réclamer la vacation que leur
accorde l'art. 42 du tarif de 1807, si leurs droits
de vente ne montaient pas à plus de six pour
cent tout compris.

§ 21. Compte et décharge.

38. Pour chaque vacation de trois heures
(*Instruction des commissaires-priseurs de Paris*),
6 fr.

Si les opérations qui avaient précédé ou suivi la
vente avaient donné lieu de la part du commissaire-priseur à des travaux et vacations extraordinaires, il pouvait être alloué des honoraires
particuliers qui étaient arbitrés, eu égard à la
nature de l'affaire et aux soins qu'elle avait nécessités.

Cette vacation ne serait plus admise; le rapporteur de la commission à la Chambre des députés s'en est expliqué formellement (L. 18 juin
1843, art. 3).

§ 22. Expéditions ou extraits du compte.

39. Les expéditions ou extraits peuvent être
délivrés à une ou plusieurs parties intéressées,
suivant les cas.

Pour chaque rôle d'expédition, non compris le timbre, on allouait, à Paris, 2 fr.

Ces expéditions n'étant ni prévues ni taxées par la loi nouvelle, il est douteux qu'aucun droit, outre le coût du papier timbré, pût être demandé (loi 18 juin 1843, art. 3). Dans tous les cas, le coût de 1 fr. 50 c. fixé pour le rôle du procès-verbal de vente serait seul alloué.

§ 23. Consignation du reliquat des deniers de la vente à la caisse des dépôts et consignations.

(ORDONNANCE DU 3 JUILLET 1816.)

40. Pour opérer cette consignation, il faut remettre au caissier un extrait du procès-verbal de vente, en ce qui concerne les qualités des parties, le produit de la vente et le compte qui fixe le reliquat à verser, ainsi qu'un extrait de chaque opposition formée sur le produit de la vente, soit aux scellés, soit autrement.

Il était alloué, à Paris, pour chaque rôle d'expédition, 2 fr.

Pour la vacation au dépôt, 6 fr.

La loi nouvelle ne parle pas du droit d'expédition pour la consignation à la caisse, elle alloue seulement un droit de vacation, fixé pour Paris, Lyon, Bordeaux, Rouen, Toulouse et Marseille (art. 1er, n° 4), à 6 fr.

Partout ailleurs, à 4 fr.

Mais si l'expédition d'une partie du procès-verbal de vente était nécessaire pour le dépôt, nous pensons qu'il y aurait lieu d'accorder le droit alloué par le n° 4 de l'art. 1er, pâr rôle, 1 fr. 50 c.

41. Le tarif de 1807 alloue aux officiers vendeurs qui y sont soumis, art. 42, pour consigner les deniers provenant de la vente, à Paris, 3 fr.

Villes où il y a tribunal de première instance, 2 fr.

Autres villes et cantons ruraux, 1 fr. 50 c.

42. Il faudrait, dans tous les cas, soit pour les commissaires-priseurs, soit pour les autres officiers vendeurs, ajouter les frais de transport et le coût du papier timbré.

§ 24. Vente par autorité de justice.

43. Vacation au procès-verbal de réquisitoire de l'huissier et dans lequel sont relatées les formalités qui ont été remplies pour y parvenir, il était alloué, à Paris, 6 fr.

Ce droit n'était dû qu'autant que le réquisitoire était constaté par un acte séparé du procès-verbal de vente ; il ne serait pas accordé aux commissaires-priseurs sous la loi nouvelle.

Les officiers vendeurs qui se soumettraient au tarif de 1807 pourraient faire taxer leur présence à la réquisition comme vacation à la vente, suivant l'art. 39.

44. Si la vente a lieu sur la place publique, les officiers vendeurs ont nécessairement le droit de demander le payement de tous déboursés pour location des bureaux portatifs dits baraques.

§ 25. Vente par suite de séparation de biens.

45. Ces ventes ne doivent avoir lieu à Paris qu'en présence d'un membre de la chambre, pour assurer que le jugement qui prononce la séparation a été strictement exécuté selon le vœu de la loi (règlement homologué par le tribunal le 21 frimaire an X, art. 5 du titre VII).

Il était alloué au commissaire-priseur, membre de la chambre, pour chaque vacation de trois heures, 6 fr.

Le montant de ces vacations ne devait pas être acquitté par le commissaire-priseur qui avait procédé à la vente, mais par le trésorier de la compagnie, comme charge de bourse commune aux termes du règlement précité.

Cette assistance du membre de la chambre était utile, mais elle n'est pas obligatoire, et comme elle n'occasionne aucun déboursé, elle ne pourrait, d'après la loi du 18 juin 1843, donner lieu à aucun honoraire.

§ 26. Vente de fonds de commerce.

46. Lorsque la vente est faite, soit volontairement, soit par suite de saisie, et sans qu'elle ait été

précédée d'un inventaire avec prisée, il peut y avoir lieu, pour le commissaire-priseur, de dresser, avant la vente, un procès-verbal descriptif avec estimation, tant des marchandises dépendant du fonds de commerce, que des ustensiles et effets mobiliers servant à son exploitation.

Une expédition de ce procès-verbal doit être annexée à la minute du cahier des charges, et sert à faire connaître aux acquéreurs les objets mis en vente et à fixer la mise à prix.

Il était alloué, à Paris, pour les vacations de prisée, 6 fr.

Pour les droits d'expédition, par rôle, 2 fr.

47. Si après la vente, et afin de mettre l'adjudicataire en possession, il y avait lieu de faire un récolement des marchandises et effets mobiliers compris au procès-verbal estimatif, il était alloué au commissaire-priseur, pour chaque vacation de trois heures, constatée par procès-verbal qu'il dressait de cette opération, 6 fr.

48. **La prisée dont il est question dans cet article est différente de la vente, c'est une opération à part, et *si elle était requise par les parties*, le commissaire-priseur pourrait exiger le droit fixé pour les prisées par l'art. 1er, n° 1 de la loi du 18 juin; pour que le droit d'expédition fût dû, il faudrait que cette expédition eût aussi été expressément demandée par le vendeur ou l'annexe requis, loi du 18 juin, art. 1er, n° 4; quant au ré-**

colement après la vente, il ne donnerait lieu à aucun honoraire.

§. 27. Référés.

49. Pour vacation du commissaire-priseur en référé, par suite des difficultés élevées sur son procès-verbal ou autrement, il était alloué, à Paris, 6 fr.

L'art. 1er, n° 2, de la loi du 18 juin 1843 accorde, pour assistance aux référés ou pour chaque vacation, à Paris, Lyon, Bordeaux, Toulouse et Marseille, 5 fr.

Partout ailleurs, 4 fr.

50. L'art. 168 du tarif de 1807 fixe les vacations des notaires pour assistance aux référés, dans les villes où il y a tribunal de première instance, 6 f.

Partout ailleurs, 4 fr.

§ 28. Compulsoire.

51. Lorsqu'il y avait lieu à compulsoire, aux termes de l'art. 849 et suiv. C. proc., il était alloué, pour chaque vacation de trois heures aux compulsoires faits, soit dans le cabinet des commissaires-priseurs, soit devant le juge, dans le cas où le transport aurait été requis (arg. de l'art. 168 du tarif), Paris, 6 fr.

52. Le même article, qui concerne les notaires,

fixe la vacation aux compulsoires, pour les villes où il y a tribunal de première instance, à 6 fr.

Partout ailleurs, à 4 fr.

Il n'est pas douteux qu'il ne fût encore aujourd'hui applicable aux notaires; peut-être le serait-il également aux greffiers et aux huissiers, lorsque ces derniers remplaceraient les commissaires-priseurs.

Quant à l'application de la loi nouvelle à cet acte, aucune rétribution spéciale n'y étant mentionnée, on appliquerait probablement le n° 2 de l'art. 1er, relatif aux référés. (Voir le numéro qui précède.)

§ 29. Droit de recherche.

53. Il était alloué, à Paris, pour droit de recherche, lorsqu'il était demandé un renseignement, une expédition ou un extrait d'un procès-verbal de vente fait pendant l'exercice d'un prédécesseur, 3 fr.

Le droit de recherche serait encore dû, quoique la loi nouvelle n'en fasse aucune mention; ce droit, étant indépendant de toute vente ou prisée, ne pourrait être refusé, mais la taxe de 3 fr. nous paraît bien arbitraire, et dans certains cas exagérée; s'il y avait lieu à donner un extrait, ne serait-il pas plus juste de le payer suivant le coût des expéditions fixé par l'art 1er, n° 4, de la loi du 18 juin 1843; et, pour simple recherche, ne devrait-on pas appliquer plutôt les dispositions relatives aux greffiers des tribunaux, d'après lesquelles ils ne peuvent exiger aucun droit de recherche des actes et jugements faits ou rendus dans l'année, ni de ceux dont ils feront les expéditions? — Lorsqu'il n'y a pas d'expédition, il leur est attribué un droit de recherche de 50 c. pour l'année indiquée; s'il est indiqué plusieurs années, ils perçoivent 50 c. pour la première et 25 c. pour chacune des autres (loi du 21 ventôse an VII, art. 14).

FIN.

TABLE CHRONOLOGIQUE

DES DISPOSITIONS LÉGISLATIVES ET RÉGLEMENTAIRES
CONTENUES DANS CE VOLUME.

18 Octobre 1804.

15 Janvier 1805.

21 Février 1805.

27 Juillet 1805.

1er Novembre 1805.

23 Janvier 1806.

29 AVRIL 1806.

18 SEPTEMBRE 1816.

30 MARS 1808.

12 NOVEMBRE 1808.

24 MARS 1809.

21 OCTOBRE 1809.

FIN DE LA TABLE CHRONOLOGIQUE.

vent être faites, suivant les cas, au receveur de l'enregistrement, au secrétariat de la chambre des commissaires-priseurs, au bureau de l'administration des monnaies, au préfet de police et autres, n° 21.

DÉGAGEMENT des effets déposés au Mont-de-Piété. — V. *Mont-de-Piété.*

DISTRACTION ET REMISE d'effets réclamés avant la vente ; il y a lieu à vacation pour cette opération en ce qui concerne les notaires, greffiers et huissiers, distinction, n° 16.

EXPÉDITION, procès-verbal de vente, réquisition de la part de la partie, n° 15. — V. *Compte et décharge.*

GARDIEN, décharge des effets confiés au gardien, extrait du procès-verbal de vente, n° 32.

GREFFIER, tarif arbitraire, n° 1.

HUISSIERS, ils sont strictement soumis au tarif de 1807 pour la vente d'effets saisis ou autres, auxquels ils sont appelés par les dispositions du Code de procédure sur les saisies, n° 2. — Tarif arbitraire, n° 1.

INVENTAIRE. Pour le relevé de l'inventaire, il n'est plus rien perçu par les commissaires-priseurs, n° 7. — Cas où les notaires, greffiers et huissiers peuvent percevoir un droit, n° 8.

LOCATION des bureaux portatifs, dits *baraques*, n° 44.

MATIÈRES D'OR ET D'ARGENT. — V. *Contrôle.*

MINUTE, timbre, enregistrement, n° 11.

MONT-DE-PIÉTÉ, dégagement des effets déposés au Mont-de-Piété, n° 12.

MUTATION (*droits de*). — V. *Contributions.*

NOTAIRES, ils prétendent que la loi du 25 ventôse an IX règle leur tarif. Opinion contraire, n° 3.

OPPOSITION. — V. *Visa d'opposition.*

PLACARDS, rédaction, afficheurs, n° 9.

PRISÉES, tarif ancien, tarif nouveau, n° 4. — Attributions des officiers vendeurs, empiétements sur leurs droits, n° 6. — V. *Vente de fonds de commerce.*

PROCÈS-VERBAL DE VENTE. — V. *Affiches, Expédition.*

PUBLICITÉ, insertion dans les journaux, n° 11.

FIN DE LA TABLE DES MATIÈRES.

ERRATA.

A la note de la page 111, lisez :
Réduit depuis à 3 pour 100. L. du 4 août 1844.

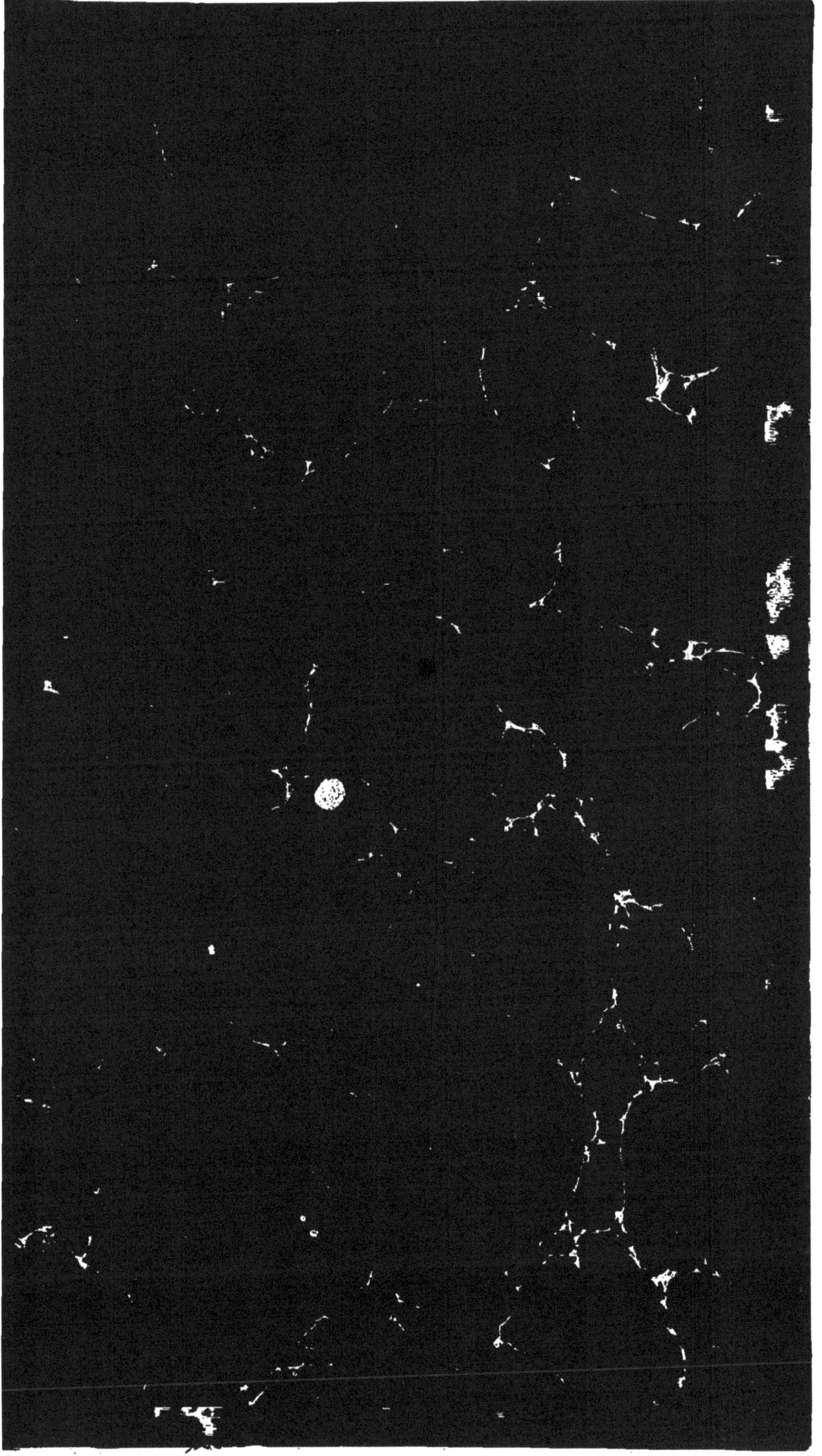

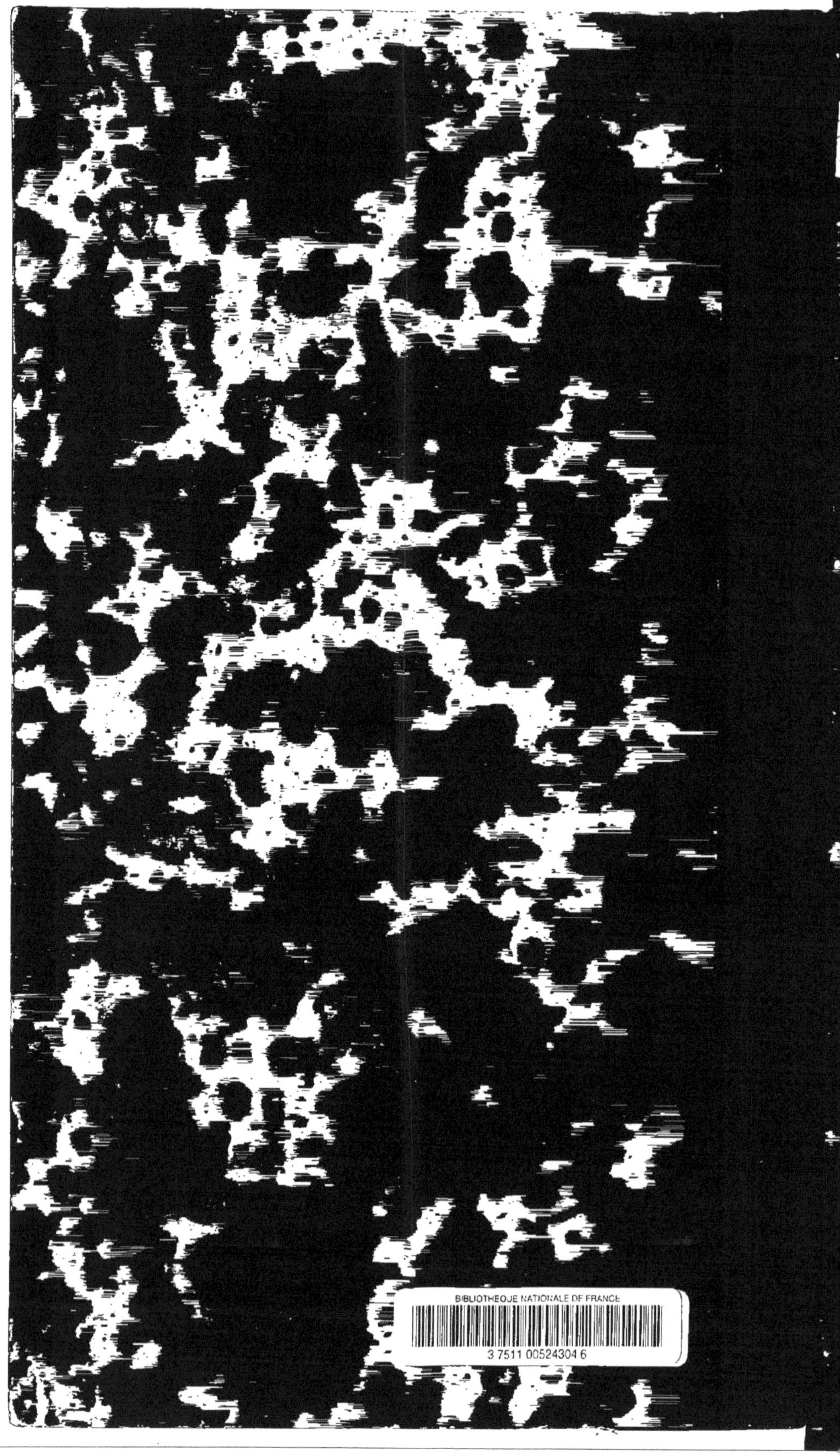